检察业务管理指导与参考

JIANCHA YEWU GUANLI
ZHIDAO YU CANKAO

最高人民检察院案件管理办公室 / 编

2025年
第1辑
（总第31辑）

中国检察出版社

图书在版编目（CIP）数据

检察业务管理指导与参考. 2025 年. 第 1 辑：总第 31 辑 / 最高人民检察院案件管理办公室编. —北京：中国检察出版社，2025. —ISBN 978 - 7 - 5102 - 3264 - 0

Ⅰ. D926. 3 - 55

中国国家版本馆 CIP 数据核字第 2025T72U81 号

检察业务管理指导与参考（2025 年第 1 辑）

最高人民检察院案件管理办公室　编

责任编辑：史世琦
技术编辑：王英英
美术编辑：徐嘉武

出版发行：中国检察出版社
社　　址：北京市石景山区香山南路 109 号（100144）
网　　址：中国检察出版社（www. zgjccbs. com）
编辑电话：（010）86423736
发行电话：（010）86423726　86423727　86423728
（010）86423730　86423732
经　　销：新华书店
印　　刷：唐山玺诚印务有限公司
开　　本：710 mm × 960 mm　16 开
印　　张：11. 75
字　　数：142 千字
版　　次：2025 年 5 月第一版　　2025 年 5 月第一次印刷
书　　号：ISBN 978 - 7 - 5102 - 3264 - 0
定　　价：40. 00 元

《检察业务管理指导与参考》
编　委　会

前　言

2019 年 3 月，《检察业务管理指导与参考》创刊，如一株破土而出的幼苗，根植于“四大检察”全面协调充分发展的“沃土”，伴随案管工作实践，在全国案管人的重视与呵护下茁壮成长，不断结出引领检察业务管理助推检察业务高质量发展的累累硕果。

《检察业务管理指导与参考》作为检察业务管理理论与实务研究的专门期刊，始终秉持的宗旨是，深化理论研究以指导工作，推介实务经验以供借鉴参考，理论与实务紧密结合，促进全国案件管理工作深入开展，为“四大检察”发展贡献案管力量。

我们致力于把《检察业务管理指导与参考》打造成案件管理理论创新的基地。深入学习贯彻习近平法治思想，革除不合时宜的观念理念，打破体制机制的制度性障碍，聚焦案件管理的基础理论、重大课题和制约案件管理创新发展的“瓶颈”问题，与时俱进创新案件管理理论，引领不断发展的案件管理工作实践。

我们致力于把《检察业务管理指导与参考》打造成实务经验交流的载体。鼓励实务探索，倡导凝练总结，将“三大监督”“四大服务”“管好管理”的生动实践，融入理性思考和理论升华，通过《检察业务管理指导与参考》这个平台晒出来、辩起来、推广开来，促进交流碰撞和思想解放，从而始终保持案件管理机制改革创新的源头活水，助推案件管理工作整体提升。

我们致力于把《检察业务管理指导与参考》打造成开阔案件管

理眼界的窗口。跳出检察业务管理的拘囿，加强中外司法管理的比较研究，汲取其他执法司法机关的业务管理理论成果，借鉴社会治理、现代企业管理的成功实践和创新理论，引导案管人打开眼界，拓宽视野，以“他山之石”，成案件管理之功。

《检察业务管理指导与参考》是案管人自己的刊物，记载着案管人的奋斗与追求、激情和汗水，更将描绘出案件管理工作的希望与梦想、今天与明天。案件管理理论研究，案管人使命在肩，责无旁贷。各地案件管理部门和广大案管人，既要重视、支持和参与撰稿投稿、编审征订工作，也要学好用好这个刊物，为案件管理工作助力、赋能。

理论启智心灵，实践创造非凡。让我们一起为案件管理工作铺一条光明的路，开满希望的花，结出丰硕的果。

目　录

领导论坛

理论前沿

业务研究

经验交流

检察文苑

领导论坛

LINGDAO LUNTAN

【编者按】

2025 年 2 月 13 日，最高人民检察院案件管理办公室党支部围绕“高质效履职　增强工作成就感　收获生活幸福感”主题，组织全体党员干部开展座谈讨论交流。党支部书记、主任申国军同志以“如何‘高质效办好每一项工作’实现工作成就感”为题讲授党课，现予以刊发。

如何“高质效办好每一项工作”实现工作成就感

中国军*

目 次

2024 年办里组织的几次活动中，大家以冷幽默的方式调侃了目前比较突出的问题——“加班”，下面我就来谈谈加班问题的破解之道——“高质效办好每一项工作”。

一、 为什么要“高质效办好每一项工作”

普遍性加班的成因很多，既有客观原因，也有主观因素，我总结下来有七个方面：

首先是客观层面的原因。第一，工作量大、人员少。与工作量相比，我们人员相对较少，长期“满编不满员”。由于各种客观原因，我们实际上长期由 18 人承担 27 人的工作量，有的处甚至曾经

* 中国军，最高人民检察院案件管理办公室党支部书记、主任，一级高级检察官。

只有一个人。工作量大、人员少是案管办长期存在的导致加班的客观原因之一。第二，临时性、应急性工作多。来不及准备导致应急性加班。其次是主观层面的原因，这也是导致加班的主要原因。第三，上班时间抓得不紧。工作没有按期按时完成，一个主要原因是没有好好抓住上班的每一分钟导致加班。如果真能够把一天 8 个小时抓紧用好，80% 的加班都可以免除。第四，工作统筹不够。日常的工作领导早就布置了，一年工作有哪些，月度工作有什么，一周需要干什么，每天工作要完成什么，哪些工作往前排、哪些工作往后放，都需要统筹规划。统筹不好也会导致加班，这是个人主观方面造成的。第五，工作被动，被推着走。我们反复强调工作上要有“主人翁”精神，工作被动永远是需要加班的。工作没有走在前、想在前、做在前，一定会被领导推着走，这往往导致被动加班。第六，能力不够、水平不高。工作量不是很重，编制内人员齐整，也没有临时、应急性工作，上班时间也抓住了，但完成日常工作还是需要加班，这就可能是个人能力存在问题，需要个人提高水平。第七，形式主义的加班。可能有个别同志觉得，别人都加班了自己不加班，领导、同事会有看法，因此本不需要加班也要“强行加班”。这实际就是形式主义加班，为加班而加班。

剖析了加班的原因，找到了“病灶”，更重要的是“对症下药”，开出“良方”。我认为根本之策是“高质效办好每一项工作”。下面谈一下“高质效办好每一项工作”的必要性和重要性。

一是检察履职的基本要求。“高质效办好每一个案件”是最高检党组提出的检察履职的基本价值追求。“高质效”既是目标引领也是标准要求，“办好”既是过程也是结果，“每一个”既是部分也是整体。案件管理部门作为检察业务管理的枢纽，不直接办理案件，那么我们要把它落到实处，该怎么做？就是要“高质效办好每一项工作”。这与最高检党组的要求是一致的，而且是落实、落地的。要通过高质效工作实现检察履职的价值追求，做到质量、效率、效果的统一。只有“高质效办好每一项工作”，才能“高质效管好每一个案件”，最终更好地服务“高质效办好每一个案件”。

二是力戒形式主义的关键一招。早在2014年，习近平总书记就提出“反对形式主义，着重解决工作不实的问题”。一直以来，我们持续落实为基层减负，严格执行“一取消、三不再”，切实保障检察官“不为数据所困、不为考核所累”，不卷数据、专心办案。我们想尽办法落实“反对形式主义”，就更不能因为形式主义给自己再加压力、添负担。

三是提高能力水平的必然要求。无论是“高质效办好每一个案件”还是“高质效办好每一项工作”，都倒逼我们要提高能力水平。一方面，提高能力水平是“高质效办好每一项工作”的重要条件。只有具备了足够的能力、掌握了良好的方法，才能在工作中游刃有余，迅速找到破解工作难题的对策。在日常工作、学习中，我们要注重积累，包括工作资料、方式方法，积累经验和储备知识，不断提升自己的能力水平，做到“胸中有丘壑”方能“下笔绘山河”。另一方面，提高能力水平也是“高质效办好每一项工作”的必然要求。“高质效办好每一项工作”本身就是工作能力水平的一种体现，尤其是在“担子重”“标准高”的前提下，高效、按时、按质、按量地完成工作，能够充分体现个人的工作能力，仅仅依靠拼体力、拼时间完成工作，那说明个人能力水平还是不够的。提高能力水平与“高质效办好每一项工作”是辩证统一、相辅相成、相互促进的，个人能力水平越高，越容易实现“高质效办好每一项工作”；始终坚持“高质效办好每一项工作”，日积月累，个人能力也会有更大的提升。

二、 如何“高质效办好每一项工作”

案件管理部门要通过“高质效办好每一项工作”落实“高质效管好每一个案件”，从而实现通过高质效案件管理助推“高质效办好每一个案件”的目标。那么，如何做到“高质效办好每一项工作”呢？总的来说，我认为要从多方面入手。

一要强化理念引领。理念是行动的先导，实践行动都是由一定的理念引领的，我们树立怎样的理念，在一定程度上就决定了我们会如何行动、如何实践。我们要树立什么理念呢？我认为，要把“高质效办好每一项工作”作为工作理念，具体来说，要以高质效办好常规性工作为荣。

二要明确评价标准。评价工作、评价一个人首先要明确标准。评价一项工作好不好，要看这项工作是否高质效——高的质量、高的效率、好的效果。案管工作做得好不好，“高质效办好每一项工作”就是评价标准、测量尺度。要以“高质效”作为评价工作优劣的标准。日常工作高质效完成，这是基本要求，不然就是不能胜任工作。加班不是评价工作优劣的尺度，是否达到“高质效”才是评价尺度，每一名同志都要理解、把握。

三要明确几组概念。通常，明确的概念是有效沟通的前提，明确的概念能够确保我们在交流和讨论中使用相同的定义，确保理解的一致性，确保我们更准确地理解和表达，提高沟通的准确性和效果。更重要的是，明确的概念是判断和推理的基础，能够有助于提高决策的效率和质量，对识别问题、制定对策有重要影响。因此，“高质效办好每一项工作”需要明确两组概念。

第一组，日常工作、临时工作、应急工作。

日常工作，即工作计划内的、工作要点台账中明确的、工作职责范围内的工作。明确知道年初要写计划，月末要有汇报，半年底要有通报，年底要写总结，类似的这些工作都是日常性工作。

临时工作，即工作计划外的、工作要点台账外的工作，以及上级单位或领导部署、同级单位或部门商办、下级单位请示的临时性工作。

应急工作，也可能是日常工作，即因具体负责人员调整变化，需要他人补岗、补位，在规定时间内很难完成的工作。比如，本来是王一的工作，由于王一请假，便把工作安排给张二，虽然对于王一来说是日常工作，但对于张二来说，这就是应急工作。

第二组，工作质量、工作效率、工作效果。

工作质量，即根据职责要求按质按量完成工作。一个办件被领导退回好几次，这就是质量不高；符合领导要求、符合职责要求，就是高质量。

工作效率，即在规定时限内完成工作。超时限就是低效率，在时限内完成就是正常的，提前完成就是高效率。

工作效果，即质量效率的综合，是他人的感受程度和评价。说你质量好、效率高，方方面面都满意，这就属于好的效果；反过来，质量好但效率低，或者效率高但质量差，效果也不好。还有一些沟通、督促、检查、反馈，这些都是效果。

三、“高质效办好每一项工作”的具体措施、方法

累死我们的不是工作，而是能力和方法。如何做到“高质效办好每一项工作”，我认为应该做到以下几个方面。

一是全面谋划。应勇检察长提出，谋定后动。谋划好了再动，没有谋划就动，那是盲动、瞎动。要谋划全年、季度、月度、每周的工作，甚至每天的工作都要心中有数。这就叫工作的主动性。日常工作要谋划好，临时、应急、可能有的工作也可以谋划，只有谋划好了，才能掌握工作的主动权。

二是明晰责任。谋划好工作，谁来干、怎么干、干到什么程度，有什么时限要求，这些都要列出来，处长要有一个总账，每个人也要有一个总账。责任要明晰，每项工作落实到人头，落实到岗位，落实到时间。尤其是日常工作要定岗定人定责，明确每项工作的责任人、责任标准，抓实岗位责任制。

三是用好“八小时”之内的工作时间。很多同志不珍惜“八小时”之内的工作时间，很多珍贵的工作时间不经意间被挥霍浪费了。一方面，造成工作时间不足“八小时”；另一方面，工作时间被切割，工作状态和工作时间不能连续，往往导致工作低效。这种现象具有一定的普遍性，办里也有同志存在这种情况，但这种“存在”一定是不合理的。我们要有效、充分利用好“八小时”之内的工作时间，避免松散、拖沓的工作状态。

四是抢前抓早。应勇检察长提出，谋定快动。要抢前抓早，早动手就早主动，给领导修改审签预留时间，绝对不在最后时限“踩线”报件。要按照截止时间倒推，安排好各阶段的时间节点，早着手、加快干，每一个环节都要为最后完成预留时间。给完成时限留余地，就是给自己留余地，就是给自己修改完善留有容错空间。

五是领导带头。各处处长是一个处的顶梁柱，要独当一面，带头承担重要工作。特别是党组会、检察委员会部署的工作，处长要直接承担起来。当然，处长应按照工作的轻重缓急分给副处长工作，分给其他干部工作。这里需要明确的是，原则上，处长布置工作要提思路、提方法、提时限，一个办件不可以退回给承办人超过两次。第二次还不满意，就要直接上手修改。处长不能总是当“二传手”“甩手掌柜”。在某种程度上讲，一个处只要有处长在，就能撑起整个处，这才叫本事和能力。

六是处理好执行力和创造力的关系。许多同志分不清执行力和创造力，要用九分去执行、一分去创造。不要总想着创造，先去执行，执行力是第一位的。党组的要求、指示要不折不扣地落实，这些都落实不到位，还搞什么创造？把计划要点、工作台账，日常、临时、应急的工作先做好，有余力再去创造，不要为了创造而创造。

七是处理好内力和外力的关系。要立足于自身，立足于本处职责范围，把工作干好。每名同志都要有思想、有观点、有方法、有要求、有标准，有独当一面的能力和本领，在此基础上，再善于借助“外脑”“外力”，才能把工作干得更好。要处理好人工与智能化的关系，人工就是创造力，智能化就是执行力。所有重复性的工作都要交给智能化、信息化、数字化去做，所有第一次的、创造性的都由我们自己来做。要在“检察机关案件管理系统”的基础上，继续利用智能化手段解放人力，业信处要把重心放在案件管理智能化方向上，帮助研发可以代替人工的信息化小软件、小程序。

总体上说，我们要把握好工作，提高能力，改进方法，争取做到最优。把握好工作的重点和节奏，特别是把握好工作的规律；变拼体力、拼时间为拼能力、拼方法；做到减负不减量，减负不减质，减负不减责。

“高质效办好每一项工作”，我们不但能够在工作中有所收获，而且能够有更多的时间自我充电，真正体会到工作的价值和意义。

理论前沿

LILUN QIANYAN

案件管理一体化机制研究

——以新疆地区案件管理情况为样本*

新疆维吾尔自治区人民检察院课题组**

目　次

---

* 本文系2024年度最高人民检察院案件管理理论研究课题“案件管理一体化机制研究”的阶段性成果。

** 课题组成员：赵铁实，江苏省人民检察院党组书记、检察长；高锋志，新疆维吾尔自治区人民检察院检察委员会专职委员（援疆）；侯列娟，新疆维吾尔自治区人民检察院四级高级检察官；丁叶，新疆维吾尔自治区昌吉回族自治州人民检察院综合检察业务部副主任，二级检察官；师玮，新疆维吾尔自治区库尔勒市人民检察院综合检察业务部副主任，三级检察官助理。

（五）业务指导力度不足

三、完善案件管理一体化工作机制的路径

（一）深化案件管理一体化工作机制的应用

（二）构建案管专项援疆一体化案件管理机制

（三）加快案件管理队伍一体化建设

一、案件管理一体化的可行性论证

（一）与检察业务管理新需求高度契合

近年来，最高检推行“四大检察”全面协调发展，聚焦高质效办理每一个案件，大力强化“三个管理”，更加强调检察机关一体履职、综合履职。案件管理部门作为检察业务管理的专门机构，承担着综合协调、统筹管理、监督落实的职责，其根本任务是为检察机关全面充分履行法律监督职责提供机制支撑和保障，强化检察监督权规范、高效运行。2024年1月最高检出台《关于加快推进新时代检察业务管理现代化的意见》，明确要求“构建检察业务管理一体化运行机制”，这为案件管理一体化提供了重要的制度保障，也是案件管理一体化未来发展的现实需求。

（二）实践基础扎实充分

全国检察机关第二次案件管理工作会议指出，要改变“上下一般粗”的案管职责配置，完善四级院各有侧重的职能布局，构建科学高效的案件管理工作新格局。最高检案管办在工作要点中明确提出要积极探索实施市级院案管部门统一领导下的案件质量评查、业务数据分析研判“一体化”工作机制。全国各地案管部门积极行动，如山东、四川等地建立制度机制，探索推动工作开展，在解决案管职责履行不充分和“同级监督难”问题上取得了初步成效。

（三）制度管理体系健全完善

一是指导思想统一。最高检案管办提出的“一二三四五六”总体思路是今后一个时期抓工作、谋发展的基本遵循，各级案管部门以创新发展目标为导向，聚焦主责主业，积极发挥枢纽作用，推进“四大检察”全面协调发展。二是工作制度齐备。现有制度规定已基本涵盖了案管的各项工作职责，如《人民检察院案件管理部门案件质量评查要点指引（试行）》《人民检察院案件流程监控工作规定（试行）》及“四大检察”流程监控要点、《最高人民检察院业务数据分析研判会商工作办法》等，为管理工作提供了制度保障。三是管理趋向智能。全国检察业务应用系统在全面实现案件线上办理后，经过不断升级完善，更加科学合理且兼具包容性，数检通、流程监控、案件质量评查及各地自主研发的智慧案管产品陆续上线，为案管工作的创新发展提供了技术助力。四是数据来源稳定。检察业务数据均来源于专门统计系统，数据填录标准、抓取方式、生成时间及规则一致，各级检察机关通过定期开展数据质量核查，及时纠正错填、漏填、弄虚作假等数据质量问题，为案件管理一体化提供了稳定、准确的数据基础。

二、推进案件管理一体化的制约因素和实践困境

（一）案件管理一体化意识不强

部分检察机关未能充分认识案件管理在新时期检察业务管理中的重要枢纽地位，没有把抓案件管理当作提升检察业务全面发展的捷径和重点，导致案管人员配置弱化、工作发展薄弱。个别案件管理部门只安排了维持一般工作运转的检察官助理或书记员，只能提

供一般的数据统计和保证业务系统运维服务保障工作，流程管控、业务分析、质量评查、监督管理工作开展不力。随着案管工作任务越来越多、要求越来越高，理念思维陈旧、激励机制匮乏，跟不上案管职能定位新变化和工作高标准，履职的积极主动性得不到有效提升，暴露出监督层次浅、力度软、效果弱等短板，无法直接为办案带来有效的“生产力”，业务部门对监管结果的认可度逐步降低，与高质效管案服务保障高质效办案的差距逐步拉大。

（二）案件管理一体化配套机制不完善

案件管理工作发展良好的地区，在落实案件管理一体化机制方面逐渐形成独特的实践经验和相对完善的配套管理制度和保障机制。新疆作为西部边陲，受制于经济、社会、地理、历史等因素，各项工作发展相对滞后。检察机关在践行案件管理一体化机制方面，势必要出台相应制度以保障机制实施。但从现有制度来看，缺乏总体性科学构想，且相关条款没能体现一体化内容，以至于整体效能发挥受限。监督管理是案管部门的核心职能和立身之本，要通过常态化、动态化监管，对案件实现全程、实时、深入的“诊断”，以“高质效管好每一个案件”服务“高质效办好每一个案件”。

（三）案件管理类人才及一体化人才匮乏

在人员结构方面，截至2024年底，全区仅有乌鲁木齐市院、伊犁州院、喀什分院三个检察院单设案管部门，自治区院及其余分州市院、基层检察院均无独立案管部门。从事案件管理工作的人员中，书记员及临聘人员占35.29%，员额检察官占23.79%，法律专业人员占61.38%，研究生以上学历的仅占7.16%，入选全国案件管理人才库的人员偏少，领军型、高层次、复合型人才数量总量偏低，高学历人才的地区、层级分布不均衡、差异较大，人员配置及人才力量极其薄弱。同时，人才培养缺乏长期规划，一些检察业务培训也无法满足专业化、个性化及实践针对性需求，效果不够理想。

（四）业务发展不均衡、不充分

新疆地域辽阔，案件规模、人员结构不均衡的特征在南北疆差异较大，案管工作发展不平衡，各有侧重、分层管理模式尚未全面开启。特别是南部部分地区，受人员、技术水平发展等因素的限制，检察案管工作相较于乌鲁木齐市以及部分北疆城市更为滞后，质效不够突出、制度建设不够完善等问题相对显著。特别是有些地方缺乏现代管理思维，仅配备一人维持工作运转，管理模式分散化甚至流于形式，工作严重滞后，极大制约了案件管理一体化的运行与发展。

（五）业务指导力度不足

一方面，上级院对下指导的主要方式仍是调研，但调研安排的任务多、时间紧，缺乏针对性，对日常工作中的常见问题缺少收集整理发布，对最高检的重要工作要求、任务解读较少，搭建各地区交流的平台和机会较少。另一方面，下级院对工作缺乏深入思考研究，缺少有效互动，无法给上级院提供有价值的指导方向。

三、完善案件管理一体化工作机制的路径

（一）深化案件管理一体化工作机制的应用

1. 完善纵向接续一体化案件管理机制。

一是强化各有侧重的分层级管理。研究制定《新疆检察机关案件管理一体化工作机制（试行）》，从制度层面明晰各级院案管工作侧重点，充分发挥全区三级检察机关案件管理整体效能。自治区院

发挥统筹、督导、规范的主导作用，对于最高检的部署安排迅速反应，及时传达，为下级院指明工作方向，制定目标任务；分州市院发挥协调、指导、监督的主抓作用，做好指示的上传下达，高效分解任务，注重工作指导；基层院发挥执行、落实的主体作用，认真贯彻执行工作任务，敢于突破创新，善于提炼工作，多出典型。

二是构建片区化指导工作模式。按照地域相邻、特质相近、重点相通、规模适当、科学管理的原则，将全疆 15 个分州市院划分为 6 个片区，由自治区院案管部门负责人担任总片区长，负责片区的整体统筹协调工作，每个片区设置一名片区长，由自治区院案管部门副职及其他检察官担任，负责上通下达、督促指导、培养队伍等职责，必要时可以吸纳片区内案管工作负责人为片区管理成员，配合日常管理。建立定期例会制度、督办制度、汇报制度，进一步保障片区化管理的规范有序运行，逐步破解各地区工作发展不平衡不充分的问题，缩小区域差距，提升工作质量。

三是建立清单式管理工作机制。为提升工作效能，建立“清单制 + 责任制”工作机制，由分州市院于每年初自行梳理本地区的年度重点工作和目标，研究制定工作清单，明确工作内容、具体举措、责任人和完成时限，由片区长审核把关后严格执行，确保责权明确、分类推进，稳步实施，有力促进各项工作落地见效，更好把凝聚力转化为管理推动力。自治区院根据各地工作开展情况，适时开具个性化“订单”，如专项业务分析、案管理论调研、个案专项评查等，并对订单的完成情况给予指导、评价，通过额外订单，进一步提高案管人员的学习能力和专业能力，锤炼知难而进的工作作风。

2. 确立案管核心职能制度，构建基层互助、部门联动的融合互助管理机制。

一是建立案件管理核心职能一体化制度。案件管理一体化机制在涉及业务一体化方面主要是案管核心业务的一体化，具体包括业务数据分析研判、办案流程监控、案件质量评查和业务数据监管。因此，新疆检察机关在推动落实一体化机制时应聚焦案件管理核心业务，建立上下一体、各有侧重、整体推进、全面提升的一体化职能制度。

二是以能力作风建设为重点，建立基层业务互助机制。聚焦强弱搭配，着力在补短板、强弱项上下功夫，积极破解工作发展不平衡的难题。实行强弱院“一对一结对”方式，开展案管条线的结对帮扶工作，着眼于基层一线，为帮扶院培养出至少一名业务骨干，力争通过几年的努力，最终实现全疆检察案件管理工作的整体大幅提升。同时，探索优秀院强强联手，围绕最高检目标任务及重点部署，着力在创精品、出典型上下功夫，集中全力打破西部边陲地区工作落后、特色不突出的困境与僵局。

三是健全检察业务管理制度，强化部门联动深度融合。认真贯彻最高人民检察院《关于加快推进新时代检察业务管理现代化的意见》，大力加强案件管理一体化的横向联动。推动业务部门强化自我管理，统筹案管部门自身工作成效与业务部门工作成效，实现“提醒全覆盖、整改大多数、通报极少数”。同时聚焦业务部门的现实需求，变单向被动监督为双向良性互动，如联合开展案件质量评查工作，减少多头评查，在减轻基层负担的同时，更加凸显评查力度和效果。在与相关部门的协同管理方面，找准部门间利益“驱动点”，注重融合联动。做好与检务督察部门的衔接，做到监管结果应送尽送，推动将案管监管纳入内部监督范围，借力提高管理效果。做好与政工部门的配合，担当起协助科学设置检察官业绩考评指标的重要责任，推动检察官业绩考评有效开展。做好与技术部门的协作，共同研究业务需求情况，为构建大数据法律监督模型、推进数字检察工作提供数据、业务支持。

（二）构建案管专项援疆一体化案件管理机制

跨地域工作支持机制是最高检案管办实现全国案管工作的全面协调均衡发展的重要举措。目前，新疆检察机关的 28 个院案管部门与内地检察机关案管部门开展结对帮扶工作，6 个院被最高检确定为直接联系点院，发展机遇前所未有。新疆案管部门要借助案管专项援疆东风，多层次一体化推动案管专项援疆工作综合效益的持续提升，实现案管工作的全面协调均衡发展。

第一，理念受援提振精神。新疆检察机关及全疆检察干警要以援疆工作为契机，把全国援疆检察机关对我们的支持帮助，化作前进的强大精神力量。援智又要扶智，不仅要学习借鉴援疆检察院及广大援疆干部的工作经验，更重要的是吸收先进的法治理念和管理模式，比、学、赶、超，尽快缩小与内地检察案管工作的差距。

第二，智力受援筑强人才。加强受援联系点建设，加大案管业务骨干人才培养力度。通过走出去、请进来，援助院和受援院互派检察干警挂职跟班交流学习，充分发挥援疆干部在眼界视野、专业素养等方面的优势和专长，加快人才培养步伐。受援院要改变被动等待输血的心态，着力提升自我造血功能，借助外力帮扶，增强内生动力，持续提升人员素能和业务水平。

第三，科技受援增强动力。数字化、信息化是破解案管工作人员少、任务重、时间紧、要求高的有效途径。新疆案管部门依托检察业务应用系统 2.0 加强智慧案管体系建设，推进全疆检察机关智慧案管平台建设，完成检察业务数据质量监管系统、大数据综合决策系统等四款援疆智慧案管软件部署任务，积极应用数检通，数据校验管家、案件质量评查、日常核查等智能化软件，进一步提高新疆案件管理的科学性、规范性、实质性、高效性。

（三）加快案件管理队伍一体化建设

一是建立完善自治区院总揽、市院统筹的人员调用机制①。紧紧抓住案管条线援疆有利契机，2024 年、2025 年全疆检察机关先后开展“能力作风建设年”“能力作风提升年”，各级案件管理部门要抓住机遇、乘势而上，抓紧建立完善自治区院总揽、市院统筹的人员调用机制，案管人员统一调用管理配套制度，实现人才使用管理的制度化和规范化。

二是加快推动案管专业化团队建设。加强团队化建设，建立专业化案件管理监督团队。自治区院案件管理部门通过集中优质人力资源办大事，对重点工作合力推进，针对案管核心业务需求，按照“职责清、人员精”的原则，打造培养数据分析、质量评查、流程监控等专业团队，在全疆范围内统筹使用人员开展专项工作和类案工作。

三是着力培养案管领军型、复合型人才②。创建人才档案，分类别建立新疆案件管理人才库，同时加强动态管理。加强对案件管理人员的培训，通过集中培训、网络教学、岗位练兵、业务竞赛、挂职交流等方式，切实提升案件管理人员“六项能力”，为实施案件管理一体化工作机制储蓄后备力量。

---

① 葛冰：《落实落细人才强检战略　确保人才建设务实管用》，载《人民检察》2024 年第 3 期。

② 李小东：《新时代推动人才工作创新发展的路径》，载《人民检察》2024 年第 3 期。

做实案件质量评查
以个案高质效促进法律监督整体高质效

詹文渝*

目 次

最高检提出，案件质量评查是加强检察业务管理的重要手段，是落实和完善司法责任制的重要举措。要准确把握案件质量评查的引领性、多样性、全面性、客观性、严肃性特点，扎实做好案件质量评查工作，促进检察官把注意力和主要精力聚焦到高质效办好每一个案件和案件的每一个环节上，努力以个案高质效促进法律监督整体高质效。

---

* 詹文渝，重庆市人民检察院党组成员、副检察长。

一、准确把握评查目的的引领性，锚定维护公正的价值追求

案件质量评查的直接功能在于纠偏纠错，而其深层次的价值目标在于，通过对已办结案件的把脉问诊，引领检察官在办案时坚持高标准、严要求，实现最佳司法效果。

坚持高质效导向。“高质效办好每一个案件”是新时代新征程检察履职办案的基本价值追求，“高质效管好每一个案件”是“高质效办好每一个案件”不可或缺的保障。对案件质量评查来说，一方面要实现自身的高质效，以案件办理的态度对待案件评查，持续更新评查理念、创新评查方法、完善评查机制，补齐评查工作中存在的短板弱项，增强评查的力度与刚性；另一方面要保障办案的高质效，以案件质量评查为抓手，引导与督导检察干警提升质量意识、责任意识，以办理瑕疵案件、不合格案件为警醒，以办理优质案件、精品案件为荣光，让办理的每一个案件都经得起历史的审视，让人民群众在每一个案件中感受到公平正义。

坚持全局性站位。办案质量重于泰山。虽然案件质量评查被定位为“三个管理”在微观层面的有力抓手，但见微可以知著，不谋全局者不足谋一域，谋划和推进案件质量评查工作需要有全局意识和战略眼光。在评查标准上，不能仅满足于实体、程序上的合法合规，还必须考虑是否落实了“三个善于”等要求；在评查重点上，不能按部就班、年年一样，而必须结合党中央重大决策部署，结合检察工作的新部署新要求，结合全国、全市检察机关案件质效分析反映的新情况新问题，有针对性地确定重点案件类型和重点办案领域，进而部署专项评查；在评查成果上，既要对个案进行等级评定、问题促改，更要举一反三、由表及里，追求“评查一案、治理一片”的效果，更好地服务“四大检察”全面协调充分发展。

坚持以监督立身。监督，就是察看并督促。案件管理部门的职责可以分为监督管理和服务保障，收案送案、律师阅卷等属于后者，而案件质量评查、流程监控更倾向于前者。信任不能代替监督，“一取消三不再”不是不抓管理。从一定意义上看，案件质量评查就是对检察办案工作的一种事后监督、内部监督，是检察机关“勇于开展自我监督”的重要内容，能够促进检察权依法规范运行。没有监督的权力必然导致腐败。案件管理部门要正确认识监督和服务的辩证关系，在评查工作中既做到大胆监督，防止避难就易、避实就虚、避重就轻，又做到精准监督，通过对案件认真地审查辨析，发现实体、程序、效果上存在的真问题，并采取措施促进矫正。

二、准确把握评查方式的多样性，汇聚以评促治的工作合力

通过多种评查方式的科学组合、灵活运用，才能充分调动上下级检察机关、检察机关各内设部门抓评查工作的积极性，真正实现以评查促规范、以规范促公正。

常规抽查、重点评查、专项评查相结合。常规抽查、重点评查、专项评查是关于案件质量评查方式最常见的分类。开展常规抽查，最重要的是常年进行、随机选案，使每个检察官的每个案件都可能被抽查到，从而使其在办理每个案件时都认真对待。值得注意的是，基层院领导办理的案件不宜由本院评查，应当纳入上级院常规抽查的范围。对列入重点评查范围的案件，应当至少上提一级进行逐案评查，并逐案形成比较详实的评查报告，体现对重点案件的格外重视。专项评查主要针对特定类型案件或者案件的特定环节、特定问题，各级检察机关都有必要结合“平等保护各类市场主体”等重点工作，结合本地区本部门案件特点，不定期组织专项评查。

本级评查、提级评查、交叉评查相结合。从当前的评查实际情况看，本级院通过常规抽查的方式评查的案件数量最多。但本级评查有两点弊端：一是评查员与被评查对象同在一个屋檐下，抹不开面子，难以较真碰硬；二是评查员与被评查对象因为共同环境的熏染，可能已形成相同的错误习惯和认识偏差，发现问题的能力不强。针对上述问题，一方面要压实评查员的司法责任，使其对自己的评定结果负责，不敢在评查时“放水”；另一方面要加强提级评查和交叉评查，上级检察院应当普查下级院的重点案件、抽查一般案件，多组织辖区内评查员评查其他院的案件，不断提升评查工作的实质化水平。

案管部门评查、办案部门评查相结合。检察管理是全局性工作，案件质量评查需要各部门共同参与。根据当前相关规定，案管部门是案件质量评查的统筹者，常规抽查、重点评查由案管部门组织实施，专项评查由办案部门负责落实。为避免评查范围交叉重叠、节约评查资源，案管部门与办案部门在组织评查时应当事前沟通商量。同时，从案管部门机构和人员构成实际看，案管部门组织常规抽查、重点评查离不开办案部门的支持，如从办案部门挑选检察官成立评查人才库、担任评查员。案件管理、办案办理有一致的目标追求，案管部门与办案部门在组织案件质量评查时要强化一体履职，做到相向而行。

智能评查、人工评查相结合。早在 2017 年，最高检就强调案件质量评查工作应当注重人工评查与智能辅助相结合，做到以网上评查为主、以网下评查为辅。“网上评查”并非仅仅是“在网上评查”，而是更强调利用智能化的网络工具进行自动评查。相较于人工，智能评查效率更高，更加客观公正，更能杜绝临时补材料之类的“舞弊”行为。数字化既是检察履职效能提升的“倍增器”，也是深化检察改革的必然要求，构建数字化质量评查体系势在必行。

要加快研发全国统一的案件质量评查智能辅助系统软件，尽早实现程序性问题、简单案件的一键式、精准性自动评查。当然，质量评查需要运用理性判断，不可能完全离开人工参与，因此还应强调评查员的主观能动性，使“人力”与“算法”相得益彰。

三、准确把握评查范围的全面性，扩大案件质量评查覆盖面

一个案件只有检验合格才可以归档，案件质量评查是案件办结后、归档前的一个重要程序。凡是涉及案件质量的所有业务和事项，以及办理的各个层级和环节，均属于案件质量管理的范围。

覆盖“四大检察”。案件质量评查中也存在刑事检察案件开展得较好，民事、行政和公益诉讼检察案件推进不够的问题。究其原因，一是民事、行政和公益诉讼检察案件量相对偏少；二是能够对民事、行政和公益诉讼检察案件进行评查的人才缺乏，这两点在基层院显得尤为突出。要深刻认识“四大检察”履职结构比对优化新时代法律监督格局的重要意义，在巩固刑事检察领域评查优势的同时，强化对其他业务条线案件的质量评查，助力民事检察更加有力、行政检察更有质效、公益诉讼检察更加精准规范，促进检察工作高质量发展。同时，评查要兼顾“小案”与“大案”，从司法实践看，大案因为检察官严阵以待，出现问题的可能性比较小，反而是习以为常、不受关注的小案容易出错。

覆盖全体检察官。检察官的职务、级别、资历与检察官的办案能力、案件质量不能画等号。担任领导的检察官、级别高的检察官、资历老的检察官，如果不及时更新检察办案理念，不注重学习新的法律法规和典型案例，在办案时马虎大意甚至徇私情，也可能办出质量不高的案件。因此，组织案件质量评查时应当一视同仁，把全体检察官的案件都纳入被评查范围，做到应评查、尽评查。根

据现行的评查工作规定，常规抽查时每位检察官每年被抽查的案件数不少于本人当年办案量的10%，且最低不少于2件。该比例和数量偏低，有必要适当增加。

覆盖实体、程序和效果。高质效是公平正义在实体、程序和效果上的有机统一，案件质量评查既要评实体，又要评程序，还要评效果。强化实体评查，认真审查原案的证据采信与排除是否符合法律规定、所认定的事实是否清楚无疑、适用法律是否适当，积极回应“在实体上确保实现公平正义”的要求。要牢记“法律监督是检察机关的立身之本”，评查案件时密切关注承办检察官是否做到办案监督两手抓、是否精准规范履行监督职责、是否主动发现法律监督线索。强化程序审查，重点关注是否有管辖权、是否有回避情形、是否超过法定办案期限等，积极回应“在程序上让公平正义更好更快实现”的要求。强化效果审查，审查释法说理是否及时有效、是否精准把握政策、是否引发社会负面反响或重大舆情，积极回应“在效果上让人民群众可感受、能感受、感受到公平正义”的要求。

四、准确把握评查实施的客观性，确保评查过程经得起检验

案件质量评查的本质是对案件质量进行检验、确定等次，只有坚持客观公正立场，深入细致阅卷，以事实为根据、以法律为准绳，才能树立评查的权威。

标准要科学精细。案件质量评查标准既直接影响评查的深度与广度，又能防止评查主体开展评查工作时的随意性。完善评查标准包括两个维度。一是“硬”标准方面，坚持严格对标法律法规，以及最高检制定的案件质量评查工作规定、案件管理部门案件质量评查要点指引、“四大检察”案件的流程监控要点，结合基层检察办

案的特点，构建起相对固定的评查工作标准体系。二是“软”标准方面，在评价案件时，要贯彻“为大局服务、为人民司法、为法治担当”“敢于监督、善于监督、勇于开展自我监督”等新时代法律监督理念，彰显三个效果有机统一。当前，优质案件标准比较抽象、过于理想化，宜区分不同领域、不同层级适当放宽，让办案人员“跳一跳够得着”。

流程要合理规范。构建合理规范的评查流程，是程序正义理念对案件质量评查工作的必然要求。评查员依据既定的评查流程有序开展评查工作，有助于提升评查工作的公信力。经过二十多年的探索与发展，案件质量评查已经形成了包括选案、审查、拟评、评定、反馈、纠正在内的操作流程，并固定于最高检的相关文件和一些省级检察院制定的评查工作细则中。要强化对评查队伍的培训，使其熟练掌握评查流程，克服凭习惯评查的思维定式，在评查时严格遵守流程，并向被评查对象公开，以规范的过程保证可信的结果。

审定要中立公正。司法责任制要求办案人对自己办的案子终身负责，评查员对自己所评案件的质量结果等次负责。因此，评查员一定要秉持中立的立场开展评查，严守评查纪律和规矩，不因被评查对象的身份不同而区别对待，不因被评查对象与自己关系的好坏而区别对待，并自觉抵制说情、打招呼的干扰，用“三个规定”保护自己，严格依法审查案件的事实和证据，客观公正地做判断、下结论。检察长、评查工作的组织部门不能干预评查员工作，要教育引导被评查对象正确对待评查，安排需要回避的评查员回避，营造有利于评查员独立履职的良好环境。

优劣要实事求是。案件质量评查结果的等次分为优质、合格、瑕疵、不合格四档。等级确定不够客观的问题表现在两方面：一是不敢评不合格，怕得罪人、伤害人；二是不敢评优秀，嫌程序麻烦，担心其他人不认可。辩证法告诉我们，在一定数量的案件中，案件质量总会有优有劣，原因在于不同案件的复杂性不一样，不同办案人员水平不一样。实事求是是我们党的基本领导方法、思想方法、工作方法，案件质量评查中必须坚持实事求是，既不降格也不拔高。对在事实认定、证据采信、法律适用等方面存在严重问题的案件，该评不合格就要评不合格；对符合实体程序要求、综合效果显著的案件，该评优秀就要评优秀。

五、准确把握评查结论的严肃性，增强被评查干警的认同感

培养技高一筹的队伍。监督者自身专业过硬，在开展监督时才有底气，才能让被监督者心服口服。在确定评查员时，应当设置一些资格条件，对政治素质、办案经历、法律政策水平、纪律作风等方面提出明确要求，避免“外行”评价“内行”，防止把评查岗当作“养老岗”。对一些重大案件、疑难复杂案件、敏感案件，可以安排两名以上评查员“背靠背”评查。设区的市级以上检察机关可以组建由各业务条线的检察业务专家、业务竞赛标兵能手等组成的案件质量评查人才库，发挥优秀人才的“啄木鸟”作用。对评查员来说，需要强化使命感和责任感，自我加压增强评查本领，确保发现的问题精准，作出的结论恰当。

畅通异议处理的渠道。瑕疵和不合格是对检察官办案水平的负面评价，为确保结论的准确无误，最高检明确要求，对于拟认定为瑕疵案件或者不合格案件的，应当听取被评查单位、办案人员的意见。兼听则明，偏信则暗。对被评查单位、办案人员提出的异议，评查的组织者、评查员要认真对待，按照去严苛、兼包容的原则进行审查，善于设身处地结合检察官承办原案时的具体环境分析问题，准确把握和适用案件质量评查要点指引中“一般不评定为瑕疵

案件或者不合格案件的六种情形”，虚心接受有道理的不同意见，敢于修正自己的结论。当然，对异议不成立的，要进一步阐明理由，必要时提请检察长审定或者检察委员会讨论决定。

兑现实实在在的奖惩。评查不仅要看有没有结果，而且要看结果能不能落地。做实案件质量评查工作，要不断强化对评查结果的运用，使检察官的晋职晋级、工资奖金、退出员额、员额遴选、承担办案的司法责任等与案件质量评查结果密切挂钩，实现“管案”与“管人”结合。加强优质案件培塑，将其纳入检察官司法档案，通过通报表扬、案例汇编、座谈交流、媒体报道等形式进行宣传展示，发挥示范引领作用。善于从优质案件背后发现优秀人才，并体现到评先选优、干部选拔中，树立能者上的正确导向。对评查出来的瑕疵和不合格案件，应当严肃通报，举一反三促进整改，加强反向审视，形成闭环管理；同时按照案件管理与检务督察工作衔接规定，及时移送检务督察职能部门准确区分责任，依法依规给予党纪政纪、降职降级等适当处理。

检察听证实质化的价值依归及实践纠偏*

林　强　宋洪磊　路　芸**

目　次

---

* 本文系最高人民检察院案件管理办公室检察听证理论研究课题“基层检察机关听证实践研究”的阶段性研究成果。

** 林强，天津市人民检察院案件管理办公室副主任；宋洪磊，天津市静海区人民检察院综合业务部副主任；路芸，天津市人民检察院案件管理办公室检察官助理。

检察听证，是新时代检察机关主动转变司法办案理念、革新办案方式、广泛吸纳意见、接受外部监督的一项制度创新。切实做好检察听证工作，有助于以“程序正义”促“实体公正”，深化落实全过程人民民主要求。通过检察听证，在检察机关、当事人及其代理人、相关办案单位、第三方听证员之间构筑起平等对话、沟通交流的平台，使得当事人的诉求得以充分表达，更好地运用法治手段和多方智慧来解“法结”、化“心结”，让案件当事人既感受到司法的刚性，又感受到司法的温度。同时，让广大人民群众以亲历的方式既监督办案活动，又接受普法教育，进而能够以更为平和的方式修复社会关系、促进矛盾化解，最大限度地凝聚共识，实现案件办理在政治效果、法律效果和社会效果上的有机统一。最高人民检察院检察理论研究所全国检察公信力测评结果表明：“在全面开展检察听证以来，检察机关在社会公众中的认知度、信任度明显攀升。”①

一、 检察听证的功能界说

听证制度源于古代西方司法制度，尤其是英美法系国家。作为

① 彭玉：《认真对待检察听证》，载《检察日报》2021 年 8 月 6 日第 3 版。

一种“对特定问题进行辨明、论证的程序”①，它的初衷在于保障公正与透明的司法和行政程序，确保当事人能够在决定作出前有机会表达意见和陈述事实。在我国，听证制度最早并主要体现为行政听证制度②，1996年颁布的《中华人民共和国行政处罚法》首次明确了行政处罚中的听证权，这标志着听证制度在我国的正式确立。随着现代法治文明的发展，听证制度逐步扩展到检察领域，成为检察决策、执法办案过程中的一个重要环节。根据《人民检察院审查案件听证工作规定》第2条的规定，检察听证指的是“人民检察院对于符合条件的案件，组织召开听证会，就事实认定、法律适用和案件处理等问题听取听证员和其他参加人意见的案件审查活动”。作为一项制度建构与发展的前提，需要首先明确检察听证的功能，这对于论证检察听证制度在现代法治国家中所蕴含的保障公平正义、提升司法公信等方面的重要价值具有至关重要的意义。从理论上讲，当前学术界对检察听证制度的功能定位概括起来主要存在以下两种观点。

（一）辅助决策形成论

该理论基于检察机关办案活动的特殊性，以及社会公众对司法公正的高度期待而产生，指的是通过公开、公正、透明的听证程序，在检察机关司法办案过程中广泛吸收社会各方（主要是听证员）意见，以辅助检察机关形成更加科学、合理的决策。在司法实践中，检察机关司法办案具有高度的专业性和独立性，但同时也面临公众对司法透明度、公正性等方面的挑战。因此，检察听证制度的引入，旨在通过吸纳外部监督和意见，增强决策的透明度、科学

① 叶必丰：《行政程序中的听证制度》，载《法学研究》1989年第2期。

② 马怀德：《论行政听证程序的基本原则》，载《政法论坛》1998年第2期。

性和公正性。听证制度由于赋予当事人、社会公众、专家学者等第三方参与权，使得当面临或涉及重大、敏感以及具有较大争议性案件时，检察机关可以通过该程序广泛征求各方意见，从而形成更加全面、准确的决策依据。这也是目前学界的主流观点，如“检察听证制度作为新形势下检察机关审查案件的一项法律制度，其根本在于当检察机关审慎作出案件处理决定之前，检察机关希望借取第三方意见或建议，主动接受社会监督”①。《人民检察院审查案件听证工作规定》第 16 条规定“听证员的意见是人民检察院依法处理案件的重要参考”，也体现了对该理论的认同。

辅助决策形成论下的检察听证主要有三个特征：一是广泛吸收意见，促进多元参与。具体而言，听证程序让不同利益相关方、专家和社会公众都有机会当面发表意见，这有助于决策不再受限于检察机关的单向判断，而是基于更多元的视角和更充分的事实论证。二是注重决策的合理性和合法性。通过听证，检察机关可以听取和核实更多信息，确保所作出的结论不仅符合法律规定，也符合社会公众的合理期待。三是强调程序的公开性和透明度。通过设置公开的听证程序，允许公众和媒体监督，使检察机关的决策过程更加透明，从而最大限度避免“暗箱操作”或权力滥用的嫌疑。基于对上述特征的描述，该理论下的检察听证特别强调和要求听证过程不应当预设发言内容，以最大限度促成对社会共识的达成，这同样也是辅助决策理论的题中应有之义。②

（二）贯彻决策意志论

与辅助决策形成论有所不同，该理论侧重于确保检察机关在决

---

① 参见于丽红、邓洪涛：《论检察听证制度诉讼化改造》，载《江西社会科学》2022 年第 9 期。

② 参见石肖雪：《作为沟通过程的行政听证》，载《法学家》2018 年第 5 期。

策过程中保持一致性、权威性，并将其决策意志有效传达、执行，它强调的是检察机关在听证后的决策执行与落实，确保所形成的检察决策（决定）能够体现检察权的有效行使及权威性。申言之，贯彻决策意志论要求检察机关不仅要通过听证程序吸纳各方意见形成合理决策，还必须确保其决策的权威性和执行力，特别是确保决策能够在社会层面得到认可和遵从。该理论的产生本质上与检察机关在法律监督中所担任的角色有关，检察机关不仅是国家法律的执行者和监督者，同时也是法律权威的维护者，因此，在决策过程中，检察机关必须在吸收外部建议的同时，也要注重维护其法定职能和权威性，确保最终决策符合国家意志和检察机关的责任。这一点，从《人民检察院审查案件听证工作规定》第 16 条后半句所作的“拟不采纳听证员多数意见的，应当向检察长报告并获同意后作出决定”的有关描述性规定中也可见一斑。

从有利于贯彻决策意志的角度出发，检察机关办案过程中引入检察听证的主要目的在于“以公开听证的方式促使各方形成共识，以便于矛盾化解和决策的顺利执行”①。有观点就认为，检察听证是“运用法治方式，借助第三方力量，以案件当事人和公众‘看得见、听得到’的方式，将案件是非公正摆在桌面上，将检察机关的办案程序、方式和依据晒在阳光下，集中各方政治智慧和法治智慧，分析案件证据、查清案件事实、准确适用法律、正确处理案件，以最大限度促进案结事了人和政通，实现检察机关服务大局、司法为民、公正司法的职责”②。

① 韩晗：《刑事检察听证的功能阐释与制度完善——基于实证调研的分析》，载《行政与法》2023 年第 6 期。

② 转引自柳小惠等：《检察听证价值功能分析及实践运用》，载《中国检察官》2022 年第 17 期。

二、检察听证实质化的价值依归：检察听证是落实“三个管理”，推动检察工作高质量发展的重要方式创新

检察听证制度的进一步发展和完善需要明确其价值定位。2021 年 6 月印发的《中共中央关于加强新时代检察机关法律监督工作的意见》，将检察听证上升为党中央对检察工作的制度性要求。2023 年 12 月，中共中央办公厅、国务院办公厅印发的《关于坚持和发展新时代“枫桥经验”提升社会矛盾纠纷预防化解能力的意见》提出“要加强检察听证制度建设，探索听证规范化机制”，检察听证的政治定位不断强化。最高检于 2024 年 1 月出台的《关于加快推进新时代检察业务管理现代化的意见》，也明确提出要深入推进检察听证工作。党的二十届三中全会则进一步明确提出要深化检察改革，健全司法体制机制，提升法律监督能力。检察听证制度正是于新时期检察工作进一步践行党的路线方针、宗旨理念，厚植党的执政根基，推动社会主义民主政治建设之中应运而生，具有鲜明的社会主义政治特色。① 2024 年 10 月，最高检审时度势，在充分调研的基础上稳慎提出“一取消三不再”，一体抓实“三个管理”（“三个管理”分别是指加强检察业务管理、案件管理、质量管理），并明确“三个管理”的核心是“高质效办好每一个案件”，目标是努力让人民群众在每一个司法案件中感受到公平正义。应当说，辅助决策形成论与贯彻决策意志论两种功能论断，尽管在检察听证制度价值的认识上存在分歧，但都具有可取性，只是侧重点不同，特别是站在“高质效办好每一个案件”的视角下，两种论断都希望检察听证能够发挥提升司法公信力的效果，即在效果上让人民群众可感

① 参见刘建荣、刘伟：《枫桥经验视野下检察听证制度优化路径研究》，载《〈上海法学研究〉集刊 2023 年第 4 卷——枫桥经验与基层治理现代化文集》。

受、能感受、感受到公平正义，检察听证已经成为落实“三个管理”，推动检察工作高质效发展的重要方式和载体。

（一）检察听证是践行全过程人民民主的生动实践

发展全过程人民民主是中国式现代化的本质要求。进入新时代，人民群众对民主、法治、公平、正义、安全、环境等方面有了更高期许。他们不仅渴盼正义得以实现，而且期望参与到司法进程之中，以“看得见”的方式实现公平正义。检察听证通过将办案过程“予以展示”，让公平正义变得更为可感、可触、可信，成为落实全过程人民民主的具体实践和重要体现。与此同时，接受人民的监督，保障人民的知情权和参与权，是司法权正当行使的必然要求。推行检察听证制度，引导人民有序参与检察工作，打破检察办案环节相对封闭的运行状态，将人民群众的实践智慧和经验融入检察办案活动中，实现案件办理的法理情相融合，以及政治效果、法律效果、社会效果相统一；同时也加强人民群众对检察办案活动的监督，完善检察权运行的外部监督制约机制，促进检察权依法公正行使。① T市H区检察院在一场拟不起诉案件的听证过程中，一位人民监督员发表了与检察机关拟处理意见相左的意见，认为不宜对嫌疑人作相对不起诉，区检察院高度重视，召开检察委员会进行专题研究，并最终采纳了人民监督员的监督意见。区检察院“真听取”的态度激发人民监督员“真监督”的积极性，使其更为主动地监督检察机关的办案活动，并与检察机关展开良性互动，助力检察机关履职更为公开透明，司法公信力持续提升。

① 参见霍敏：《检察听证制度完善研究》，载《国家检察官学院学报》2022年第1期。

（二）检察听证是助推社会治理的有效举措

党的二十大报告指出，完善社会治理体系，健全共建共治共享的社会治理制度，提升社会治理效能。通过检察听证，促使当事人把事说清、听证员把理辨明、检察官把法讲透，有效解开当事人的“法结、心结、情结”，将矛盾纠纷化解在基层、在源头、在诉前，提升社会治理效能。同时，听证过程本身就是生动的法治课，既对当事人以案释法，又用鲜活案例促进人民群众法治观念养成。[①] 检察机关在听证会的开展过程中，运用群众身边的案例进行现场教学，将听证现场变为“法治课堂”，尤其是在案发地、群众“家门口”开展“上门听证”，耐心释法说理，起到了很好的教育警示和法治宣传作用，有助于培育社会法治精神，这是共建共治共享的社会治理制度的应有之义和有效实践方式。

（三）检察听证契合以审判为中心的诉讼制度改革的要求

检察听证制度通过在案件处理前或处理过程中引入公开听证程序，可以有效确保决策的公开性和透明性，从而为审判阶段的公正性奠定基础。一方面，这种透明的程序可以使案件事实在进入审判程序之前就能得到充分的论证和检验，避免了由于侦查、检察环节的疏漏而导致审判中事实不清或证据不足的情况，有助于提升审判程序的质量与公正性。[②] 另一方面，以审判为中心的诉讼制度改革强调控辩双方的对抗性和平等性，检察听证程序无疑给控辩双方在诉前阶段提供了更为充分的意见表达机会。通过这种前期控辩互动，既有

---

① 参见王庆民：《以听证助力检察履职 让公平正义可感可触——最高人民检察院第三十九批指导性案例解读》，载《人民检察》2022 年第 20 期。

② 龙宗智：《检察机关办案方式的适度司法化改革》，载《法学研究》2013 年第 1 期。

利于检察机关能更加全面、客观地审查案件事实，避免审判阶段因信息不对称而影响公平性，也有利于保障被告人权利，使案件得以在正式审判阶段能够更加聚焦于核心事实和法律问题，从而提升审判的公信力和权威性。此外，以审判为中心的诉讼制度改革旨在通过优化诉讼结构，提高司法效率和质量。检察听证制度在此过程中恰恰能够发挥积极作用，通过顺应检察权运行诉讼化构造的发展趋势，提前做好事实认定和证据审查，确保案件的处理更加精准，减少在审判阶段出现证据不足或事实不清的情况，进而提升诉讼效率。

（四）检察听证是实现检察工作高质量发展的内在需求

“高质效办好每一个案件”是新时代新征程检察履职办案的基本价值追求，并以此为坐标原点构建形成了新时代检察工作高质量发展的理论体系。应勇检察长指出，“高质效办好每一个案件”着眼于办案质量优、效率高、效果佳，要求统筹实体公正、程序公正、社会公正，在司法办案中更好维护公平正义。质量、效率、效果作为高质效办案的三大基本要素，分别对应三个层面的公平正义，三者相辅相成、环环相扣、有机统一。检察听证作为检察机关审查案件的重要方式，其不论在实体处置、办案程序上，还是在维护社会的效果上，均能满足检察工作高质量发展在维护公平正义方面的内在需求。在实体上，检察听证一方面要求全面审查证据，确保事实认定准确；另一方面打破以往检察机关单方审查案件的局限性，让听证参加人各方都能充分表达意见，使检察官能通过兼听各方声音，防止偏信则暗。在程序上，检察听证借助诉讼化构造给各方当事人提供平等对抗的平台，同时通过公开透明的程序，增强司法审查的透明度、提高审查工作效率。在效果上，检察听证将释法说理贯穿办案全过程，并通过典型案例等形式积极回应社会关切，弘扬法治精神、引领法治风尚，切实让公平正义摸得着、看得见、可感受。

三、从机制到内核：检察听证工作实质化开展的偏差探源

近年来，检察听证工作取得了显著的进步，但总体而言，仍处于发展推进阶段，存在理论研究薄弱、机制运行不畅、工作不规范等问题。这就需要我们坚持目标导向、问题导向，从理论和实务层面着手，持续发现问题并解决问题，从而推动检察听证工作在稳健发展的道路上不断前行。

（一）听证工作开展不平衡不充分现象突出

关于检察听证的相关规范性文件梳理表

文件名称	印发时间	具体规定
人民检察院办理不起诉案件公开审查规则（试行）	2001 年 3 月 5 日	第 7 条　人民检察院对不起诉案件进行公开审查，应当听取侦查机关（部门），犯罪嫌疑人及其法定代理人、辩护人，被害人及其法定代理人、诉讼代理人的意见。听取意见可以分别进行，也可以同时进行。（注：相关表述已经具备了听证的实质内涵）
人民检察院信访工作规定（已废止）	2007 年 3 月 26 日	第 39 条第 2 款　重大、复杂、疑难信访事项的答复应当由承办部门和控告申诉检察部门共同负责，必要时可以举行公开听证，通过答询、辩论、评议、合议等方式，辩明事实，分清责任，做好化解矛盾、教育疏导工作。
人民检察院刑事申诉案件公开审查程序规定	2012 年 1 月 11 日	第 2 条　本规定所称公开审查是人民检察院在办理不服检察机关处理决定的刑事申诉案件过程中，根据办案工作需要，采取公开听证以及其他公开形式，依法公正处理案件的活动。

续表

文件名称	印发时间	具体规定
人民检察院办理未成年人刑事案件的规定	2013 年 12 月 27 日	第 31 条第 1 款　公安机关或者被害人对附条件不起诉有异议或争议较大的案件，人民检察院可以召集侦查人员、被害人及其法定代理人、诉讼代理人、未成年犯罪嫌疑人及其法定代理人、辩护人举行不公开听证会，充分听取各方的意见和理由。
人民检察院复查刑事申诉案件规定（已废止）	2014 年 10 月 27 日	第 4 条　人民检察院复查刑事申诉案件，根据办案工作需要，可以采取公开听证、公开示证、公开论证和公开答复等形式，进行公开审查。
人民检察院办理认罪认罚案件监督管理办法	2020 年 5 月 11 日	第 10 条　对于下列拟作不批捕、不起诉的认罪认罚从宽案件，可以进行公开听证：……
人民检察院审查案件听证工作规定	2020 年 9 月 14 日	第 4 条　人民检察院办理羁押必要性审查案件、拟不起诉案件、刑事申诉案件、民事诉讼监督案件、行政诉讼监督案件、公益诉讼案件等，在事实认定、法律适用、案件处理等方面存在较大争议，或者有重大社会影响，需要当面听取当事人和其他相关人员意见的，经检察长批准，可以召开听证会。人民检察院办理审查逮捕案件，需要核实评估犯罪嫌疑人是否具有社会危险性、是否具有社会帮教条件的，可以召开听证会。

续表

文件名称	印发时间	具体规定
人民检察院办理刑事申诉案件规定	2020年9月22日	第6条　人民检察院办理刑事申诉案件，根据办案工作需要，可以采取公开听证、公开答复等方式，公开、公正处理案件。
人民检察院羁押听证办法	2021年8月17日	第2条　羁押听证是指人民检察院办理审查逮捕、审查延长侦查羁押期限、羁押必要性审查案件，以组织召开听证会的形式，就是否决定逮捕、是否批准延长侦查羁押期限、是否继续羁押听取各方意见的案件审查活动。
民事检察部门诉讼监督案件听证工作指引（试行）	2021年12月30日	第2条（概念）　民事诉讼监督案件听证，是指人民检察院在审查民事诉讼监督案件过程中，为查明事实或解决争议，按照一定的规则和程序组织召开听证会，就事实认定、法律适用和案件处理等问题，充分听取听证员、各方当事人和其他参加人意见的案件审查活动。
人民检察院公益诉讼办案听证工作指引	2022年1月5日	第3条　人民检察院对于符合条件的公益诉讼案件，可以在办理案件过程中组织召开听证会，就事实认定、法律适用、案件处理等问题听取听证员和其他参加人意见。
人民检察院办理控告申诉案件简易公开听证工作规定	2022年4月28日	第1条　本规定所指简易公开听证，是指人民检察院在审查办理控告申诉案件中，通过简化公开听证程序对控告申诉案件的当事人开展释法说理、化解矛盾纠纷的活动。

续表

文件名称	印发时间	具体规定
人民检察院办理知识产权案件工作指引	2023 年 4 月 25 日	第 6 条　人民检察院办理知识产权案件在事实认定、法律适用、案件处理等方面存在较大争议，或者有重大社会影响，需要当面听取当事人和其他相关人员意见的，经检察长批准，可以召开听证会…… 第 17 条第 2 款　人民检察院对于拟作不批准逮捕、不起诉、变更强制措施等决定的涉企知识产权犯罪案件，可以根据《人民检察院审查案件听证工作规定》召开听证会……
人民检察院行政检察监督案件听证工作指引	2023 年 12 月 15 日	第二条【概念】　本指引所称行政检察监督案件听证，是指人民检察院行政检察部门在办理行政检察监督案件过程中，就事实认定、法律适用和案件处理等问题，当面集中听取当事人、听证员和其他听证参加人意见的审查活动。
人民检察院信访工作规定	2025 年 2 月 11 日	第 33 条　人民检察院办理信访事项，可以依据有关规定举行听证。根据信访人和信访事项具体情况，可以举行简易听证、上门听证。

如前所述，我国听证先出现行政听证，后逐步扩展至司法领域。在司法听证方面，近年来发展较快、取得较大社会反响的便是检察听证。纵观上述关于对检察听证制度发展脉络的梳理，不难看出，我国检察听证实际上经历了一个从公开审查到公开听证、从条

线探索到全面推开的历程。2020 年 9 月，最高检制定的《人民检察院审查案件听证工作规定》成为检察听证的正式法律依据，标志着我国检察听证从此踏上“从有到优”的规范化、全面化发展轨道。检察听证涉及面广、涉及领域多，且不限于案件审查办理，但从近几年全国通报的情况来看，当前检察听证工作仍普遍面临着发展不平衡不充分的情况。例如，有的省市全年组织听证会的次数较多，有的省市则组织得较少；在地方三级院组织的案件听证会中，刑事检察案件的听证占比普遍较高，民事诉讼监督案件、行政诉讼监督案件及公益诉讼案件的听证占比普遍较低，部分省份甚至还不同程度地存在没有实现省、市两级检察院“四大检察”听证全覆盖的情况。

（二）机制运行不畅，亟待优化完善

检察听证程序的优化是实现机制顺畅运行的关键。检察听证与审判程序相比，有相似之处，但不能忽略其独立的制度价值。① 检察机关举行检察听证时，借鉴法院庭审方式，可使听证程序更加规范有序。然而，实践中存在的问题表明，一些检察官未能区分听证与庭审的不同，导致听证过程出现不必要的烦琐环节。例如，在案情介绍阶段过于详尽地介绍与案情无关的个人信息等内容；机械套用诸如法庭调查、法庭辩论等庭审程序，将听证会重点置于逐一审查证据之上，使得听证会的重点偏离；占据听证会的绝对主导权，致使听证员的作用被虚化；等等。这些问题的存在，不仅限制了当事人诉求的充分表达，也影响了听证员对核心问题的把握，进而影响了听证目的和效果的实现。为此，检察机关需要更多地从检察听

① 参见北京市人民检察院第一分院课题组、张际枫、孟涛：《听证在检察机关办案中的应用与完善》，载《中国检察官》2021 年第 21 期。

证的独立价值出发，在充分保障当事人参与权的基础上，鼓励听证员发表专业意见、参与矛盾化解，探索与检察听证制度内涵相契合的程序规范。

（三）理念认识偏差，素能有待提升

检察听证制度的深入实施，首先需要检察人员在理念上的高度认同。当前，检察人员对检察听证制度价值的认识存在不同程度的偏差。有的检察人员认为检察听证意义不大，或者出现“有听证与没有听证一样可以办好案子”的不当认识，或者认为组织听证徒增办案量，不一定能带来更好的案件效果，甚至会起到副作用，影响正常办案。① 有些检察官受限于个人素质能力等因素，对检察听证存在畏难情绪，不愿、不敢、不会组织听证，特别是对于疑难复杂、争议较大的案件，运用听证解决矛盾的积极性和自觉性不高。还有一些检察官倾向于选择较为简单、听证价值不高的案件进行听证，这既影响了听证价值的发挥，又造成了司法资源的浪费。听证适用不积极、案件选择“避重就轻”等问题，与检察听证推动司法办案的价值初衷背道而驰。检察听证因其情况复杂、矛盾深刻、牵涉面广，对检察官的专业素养和综合能力提出了更高的要求。检察官不仅需要具备扎实的法律功底，还应具备良好的群众工作能力、风险防控能力、临场应变能力。特别是主持听证的检察官，更需精准掌控听证会节奏，引导当事人把事说清、听证员把理辨明、检察官把法讲透。然而，听证活动中，有的检察人员对双方当事人基于自身利益的申辩意见，对侦查、审判机关的专业意见，对其他参与听证人员从人情、常识等社会视角的意见，如何倾听、采纳和转换

① 参见张红良、李丽：《检察听证制度的实践困境与完善思路》，载《黑龙江省政法管理干部学院学报》2023 年第 1 期。

的能力不足，或者无视其他人意见，或者更加重视法律方面意见，或者被他人意见左右，缺乏独立的判断，如果检察人员不善于归纳案件的争议焦点，不善于在基于多个视角提出的意见中进行判断，那么检察听证公开的效果必然会大打折扣。① 因此，必须重视检察人员能力建设，将其视为提升听证工作水平的关键。需要加大对检察听证的教育培训力度，特别是在不同业务领域的应用上，从而推动检察听证工作的深入和专业化发展，确保听证活动更加高效、公正。

（四）实质化参与欠缺，效能转化困难

1. 听证员实质化参与不足。检察听证制度的有效实施，离不开听证员的实质化参与。作为客观、中立的“第三方”，听证员的意见对于检察机关依法处理案件具有重要的参考价值。听证员公开发表意见，对于增强当事人对听证结果的信任和接受程度至关重要，因此应以公开发表为原则。对于的确存在不公开发表听证意见为宜的，检察机关可以在闭门评议时向听证员提出不公开发表意见的合理建议。② 实践中发现，部分听证员虽然全程参与听证会，但实质化参与程度却不高。具体表现为，有的听证员全程保持沉默，未能发挥应有的作用；有的听证员虽然进行发问，但问题“含金量”不足，缺乏深度和针对性；有的听证员尽管内心有不同的见解或其他意见，但由于不愿与检察机关发生“冲突”等主客观因素，不愿意发表不同意见。这种实质化参与不够充分的情况，严重影响了听证功能价值的实现，无法达到运用听证来化解矛盾、纾解群众急难愁

① 参见黄祖旺：《检察听证高质量发展辩证思考》，载《中国检察官》2022 年第 19 期。

② 参见曹琼、龚霞、张立新：《行政检察公开听证实证分析——以 J 省 2022 年以来的听证案件为样本》，载《中国检察官》2023 年第 17 期。

盼的预期效果。

2. 听证效能转化不足。检察听证的效能转化是衡量其成效的关键。然而，当前一些地区在听证实践中存在一些亟待解决的问题。一方面，个别地区存在听证会“凑数听证”“走过场听证”现象，表现在争议焦点不明，主持人有效引导不够，当事人之间、当事人与听证员之间无法有效沟通，等等；还有个别检察官更愿意选取矛盾纠纷基本化解或者事实认定、法律适用争议不大、社会关注度不高的案件公开听证，与检察听证的制度价值相背离，导致检察听证效果大打折扣。此外，由于听证员对案件相关材料了解不多，部分听证员缺乏法律知识，导致听证员在听证活动中表现不积极，甚至不发表听证意见，故有时还存在听证员“听而不证”的情形。① 另一方面，虽然很多案件在检察听证过程中取得了良好效果，但承办检察官未真正树立治罪与治理并重的理念，对案件背后的社会治理问题关注不够，如新闻宣传意识和案例培育能力不强，不善于总结提炼亮点工作，导致听证效能未能得到充分的延伸和扩展。

四、 从理念到机制：优化检察听证实质化的路径

在新时代新征程中，“高质效办好每一个案件”已成为检察履职办案的基本价值追求。这不仅是推动检察听证工作创新发展的目标导向，更是衡量听证工作是否良性发展的检验标准。为了实质化地推进检察听证工作的多维度开展，我们必须立足于这一核心要求，积极转变和消除那些不适宜的思想观念和行为方式，在理论、内容、机制、方法上进行全方位创新，切实将“高质效”的要求落实到每一个案件的办理之中。

---

① 参见贺卫、原佳丽：《新时代加强检察听证工作的路径探索》，载《人民检察》2022 年第 23 期。

（一）创新工作理念，推动听证实质化开展

一是明确听证工作思路。自 2023 年以来，T 市检察机关在深入调研和充分论证的基础上，提出了“宏观上重质，微观上抓实；形式上借力，内容上搞活”的工作思路，旨在推动检察听证工作的持续创新与发展。“宏观上重质”基于“高质效办好每一个案件”的要求，引领全市检察机关在达成“应听证尽听证”的基础上，积极朝着实质化听证的方向迈进；“微观上抓实”要求案件管理部门切实发挥统筹协调作用，研究制定检察听证标准化建设指引，提升听证的制度化、规范化水平；“形式上借力”指出检察听证要有机融入具体检察工作必须与其他检察工作相互结合，这样才能更好地发挥其功能作用；“内容上搞活”突出通过正向激励的办法引领听证工作实现创新发展。通过理顺工作思路，从而使检察听证工作更加贴近人民群众的需求，更好服务于法治建设和社会发展。二是发挥“头雁”带动作用。在检察听证工作中，领导的带头示范作用至关重要。特别是面对疑难复杂、争议较大、有重大社会影响的听证案件，领导干部的亲自参与能够推动检察人员及时更新工作理念，拓展工作思路，将全过程人民民主理念要求落到实处。一方面，激发全院干警的积极性和主动性，以“头雁效应”激发“群雁活力”，推动检察听证制度的广泛运用和科学适用。另一方面，及时纠正理念认识偏差、优化制度设计、规范工作流程，推动全院工作沿着正确理念的指引高质量开展。因此，院领导要带头办理重大疑难复杂敏感案件、新类型案件和在法律适用方面具有指导意义的听证案件，最大限度挖掘和实现检察听证的制度价值。三是打造亮点示范品牌。T 市检察机关以区域实际情况为基础，创新性地开展亮点示范项目的创建和评比活动，以此作为提高检察听证工作质效的重要举措。通过组织辖区院围绕参与促进法治社会构建、促进市域治理

现代化、促进新时代“枫桥经验”的检察创新实践等领域，开展亮点示范项目的申报工作，打造T市检察听证工作特色品牌，为听证工作的规范化实质化开展提供可复制、可推广的经验，进而为新时代检察听证工作的创新发展提供实践借鉴和理论支撑。

（二）健全工作机制，拓展听证实质化路径

一是探索优化听证程序。鼓励各级检察机关根据地方特色，探索富有地方特色的简易听证工作模式，推进普通听证案件与简易听证案件的分流。设置和优化简易听证案件筛选程序，简化审批流程，聚焦争议事项，提升检察听证工作质效。确定听证工作试点院，引入法院庭审、法院调解、其他行政机关听证会等方式，结合检察听证的制度价值，试验探索最有助于听证员主体地位发挥、有助于听证功能价值实现的工作流程，适时邀请听证员参与其中，认真听取其意见建议，不断探索优化听证工作模式。注重听证在教育警示和法治宣传等方面作用的发挥，采用类案集中听证、“上门听证”等方式，节省司法资源的同时最大限度地彰显听证制度价值。二是完善群众参与机制。检察听证制度作为连接司法机关与普通公民的桥梁，具有不可替代的法律宣传功能。在听证会开始前，检察机关可通过微信公众号、报刊、电台等媒介发布检察听证公告，鼓励和支持社会公众参与检察听证。在听证过程中，采用听证与普法相结合的模式，实现矛盾化解与普法宣传的双重价值。在听证会结束后，及时总结办案经验，挖掘工作亮点，广泛讲述检察听证好故事，传播检察听证好声音，彰显检察机关以公开促公正、赢公信的法律价值追求。三是加强履职能力建设。通过举办专题讲座，发布指导性案例、典型案例，组织现场观摩等形式，对检察官进行培训指导，逐步提高检察官争议焦点归纳、证据辨别、法律适用和综合协调、应急处置、化解纠纷等方面的能力和水平。[1] 通过开设听证业务培训、组织听证员观摩学习等，加强对听证员履职的引导。对于听证员作用发挥充分、履职效果良好的案例，可以制作寓教于乐的微视频、微动漫等方式，提高听证员履职能力，推动检察听证工作实质化开展。

（三）着力推动对疑难复杂和久诉不息案件的听证，提升听证质效

为进一步解决检察听证效能转化不足的问题，要坚持在“应听证尽听证”的基础上，有针对性地选择群众诉求强烈、矛盾突出、疑难复杂具有引领性的案件，开展听证，防止“凑数听证”。同时，可以探索通过编发典型案例，开展案件质量评查、案件流程监控，纳入检察官业务考核等方式，正向激励、反向倒逼，调动检察听证的“源动力”，推动检察听证的质效提升和效能转化。比如，可以探索组织对案情简单、矛盾已基本化解或本身就没有争议的拟不起诉案件、司法救助案件中检察听证比率过高的问题开展专项案件质量评查活动。又如，进一步发挥案件管理部门与业务部门的合力，重点对检察听证适用比例较低或者反映问题较多的业务领域，联合开展调研指导，推动检察听证工作在“四大检察”中实现均衡发展。

---

① 参见石磊：《检察听证实务运行状况及优化路径——以 S 检察机关检察听证实践为样本》，载《北京政法职业学院学报》2023 年第 2 期。

案件管理一体履职 全面推进新时代检察业务管理现代化*

白红霞　张爱丽　吉　超**

目　次

* 本文系2024年度内蒙古自治区人民检察院重点调研课题“案件管理一体化机制研究”的阶段性成果。

** 白红霞，内蒙古自治区人民检察院案件管理办公室副主任，三级高级检察官；张爱丽，内蒙古自治区人民检察院案件管理办公室一级检察官助理；吉超，内蒙古自治区人民检察院案件管理办公室三级检察官助理。

（二）以强化监督服务为履职重心，构建一体化工作模式

（三）构建技术支撑，科技引领一体化全面开展

（四）完善机制保障，破解一体履职制度障碍

案件管理部门作为检察业务管理体系的枢纽，承担着综合协调、统筹管理、监督落实的职责，新时代检察业务“大管理”的格局，要求案管部门不断完善工作机制，在发挥整体效能上持续用力，加快构建一体化工作机制，形成纵向指导有力、横向协作紧密的案管工作格局。一体履职是检察机关运用系统观念和统筹方法推进法律监督现代化的重要路径。内蒙古检察机关立足案管职能定位，以建立完善案件管理履职一体化机制为抓手，以有力举措推动内蒙古检察机关检察业务管理现代化发展。

一、案件管理一体化机制的时代内涵

（一）案件管理一体化的理论依据

检察一体化是宪法和人民检察院组织法确认的检察活动的重要原则。宪法第 136 条规定：“人民检察院依照法律规定独立行使检察权，不受行政机关、社会团体和个人的干涉”。第 137 条第 2 款规定：“最高人民检察院领导地方各级人民检察院和专门人民检察院的工作，上级人民检察院领导下级人民检察院的工作。”宪法确认了检察机关对外独立行使检察权而不受任何其他机关或个人的干扰；对内，上下级检察机关遵循上令下从的领导关系，为检察一体化的构建提供了法律依据。新时代的检察一体化，要坚持以习近平新时代中国特色社会主义思想为指导，全面贯彻落实习近平法治思想，以更好履行检察职能、保障公民权利、促进法律统一正确实施为目标，通过规范检察机关内部领导监督配合机制，打造“上下统

一、横向协作、内部整合、总体统筹”的一体化①。

（二）案件管理一体化的基本内涵

2023年全国案管主任座谈会强调抓一体化工作机制建设的重要意义，提出案件管理的一体化工作机制就是案管工作的骨架，案管部门上下左右要一体，实现“纵向指导有力，横向协作紧密”的一体化工作格局。2024年，最高检印发最高人民检察院《关于加快推进新时代检察业务管理现代化的意见》，正式将“构建检察业务管理一体化运行机制”写入文件，建立健全统一指导、监督、协调的一体化检察业务管理运行机制，明确了案管部门要充分发挥枢纽作用，融合办案部门的管理，对接其他部门的管理，促进管理与指导结合、放权与管权平衡、管案与管人衔接，推动检察业务管理一体化运行。2024年全国案管负责人座谈会再次进行了更深入的阐释。具体而言，案管一体化包含三个层次：一是案管业务自身的一体化，在分析研判、案件流程监控、质量评查和业务数据监管各监督管理环节形成有序衔接、互为补充的监督管理格局；二是上下级之间纵向的一体化，最高检案管办对全国、上级院对下级院的案管工作要指导有力；三是各地案管部门的横向一体化，各地案件管理部门要加强横向配合和联系，推动全国案管工作全面建、整体上。

二、案件管理一体履职的现实意义

（一）案件管理一体履职是新时代案件管理工作格局变化的必然选择

2011年，最高检成立案件管理办公室，全面推进案件集中管理

① 参见姜昕等：《检察一体化机制建设的推进与落实》，载《人民检察》2022年第3期。

工作，但当时案管部门主要是承担案件流转等事务性工作，监督管理和服务参谋的属性还不明显。随着司法改革的不断深入，案管部门的职能定位也不断丰富。第二次全国案管会议进一步明确了案管部门的职能定位，并要求对照“四大检察”的法律监督总体布局，推动建立集业务指导、业务评价、业务管控、外部监督、业务保障于一体的案件管理工作体系。案件管理的维度更宽、内容更丰富，管理的难度在不断提升，管理不适应办理的问题逐渐凸显。最高人民检察院《关于加快推进新时代检察业务管理现代化的意见》明确了案管部门的检察业务管理枢纽的职能定位，要求案管部门在纵向指导和横向协调、自身业务和外部监督方面要加强一体履职，建立以与相关部门协同管理为保障的全方位、立体化检察业务管理组织体系。

（二）案件管理一体履职是提升监督质效的现实需要

进一步提升监督管理质效，切实以“高质效管好每一个案件”服务保障“高质效办好每一个案件”的现实需要，要求新时代案管部门努力提升监督质效，推进流程监控实质化、案件质量评查全覆盖，做实业务数据分析研判，以服务宏观管理贯穿微观监管，案件管理的职能任务进一步拓展，在突出专门管理和个案管理的同时，更加注重全员参与管理。形成立足全院、全员，贯穿案件办理全过程、各环节的“大管理”，需要构建一个全员参与、系统完备、规范高效的现代化检察业务管理体系，而案管部门作为枢纽，就要做好承上启下、左右联通的工作，单独依靠一个部门、一个院去完成这样的系统工作是不现实的，需要案管部门作为一个桥梁纽带、关键环节，把上下级院、本院各业务部门、不同地方案管部门有效联动起来，通过一体履职提升监督质效。

（三）案件管理一体履职是破解人员同级监督难的有效路径

面对更高标准的管理水平，案管自身存在的困难显得尤为突出，当前管理跟不上办案、管理不适应办案的问题还不同程度地存在。案管部门普遍存在人员少、任务重、要求高、时间紧的问题，基层院通常不单独设立案管部门，综合业务部承担着案管、控申、研究室等多项职能，有的地方甚至没有检察官负责案管工作，队伍专业化亟待提升。“同级监督难”“本院监督难”现象普遍存在，有的地方不愿管理、不敢管理、不善管理，流程监控形式化、分析研判走过场、指标运用机械化问题突出。破解管理掣肘，关键靠创新，创新管理理念，创新工作机制。在流程监控、案件质量评查、数据分析研判等方面，探索整合现有的人员力量，通过上下联动、多元参与、横向协作等一体履职新模式，提升监督实效，破解同级同体监督难、监督软的难题。

三、案件管理一体化机制的创新发展

（一）以队伍建设为履职基础，构建一体化案管团队

案件管理工作基础在“人”，关键在“人”。一体履职需要统筹调用案管人员协同开展工作，需要对案管人员统筹培养、分类管理、一体调配。一是分级分类管好人才队伍。杜绝上下一般粗的管理模式，由省级院做好总体统筹和工作方案，以最高检案管办工作要求为目标，抓好工作落实。盟市院案管部门做好本地区人才队伍的分类管理工作，对本地区两级院案管队伍的人才情况进行梳理分类，对薄弱院定点进行帮扶指导，加强本市案管队伍交流学习、上下联动，有针对性地储备各类业务人才，定期开展培训学习，形成盟市院分级分类案管队伍体系。基层院案管充分发挥基础作用，在

做好常规性、基础性工作的同时，加强自身队伍建设，提高案管队伍业务水平。二是统筹培养强化队伍梯队。通过集中培训、岗位练兵、业务技能竞赛等多种形式，有针对性地储备青年人才、专家型人才、专业化人才。针对不同层级、不同年龄结构、不同业务水平，对人才队伍进行有梯度的强化本领。对于青年人才，加强多业务多岗位锻炼，全面学习掌握案管基础技能，做好人才储备工作。对于专业化、专家化人才，通过异地交流学习、抽调参加重点专项工作、开展授课巡讲等方式，不断加强专业化水平，带动整体队伍素质。三是细化考核，形成激励机制。对抽调参加一体履职的案管人才，根据任务完成度、业务熟练度、参与工作量进行相应的评价；对参加一体履职表现突出的案管人才，通过树立典型、出具表扬信等方式，在其所在单位个人考核予以加分，激发案管人才参加一体履职的积极性。将盟市院、基层院开展“一体履职”情况纳入条线考核，鼓励各级院积极参与一体化开展重点专项工作。

（二）以强化监督服务为履职重心，构建一体化工作模式

“高质效办好每一个案件”成为新时代新征程检察履职办案的基本价值追求。监督和服务是案件管理的主责主业，要立足监督、做好服务，以贯通横纵的监督思路，统一实体、程序、数据“三大监督”的尺度，切实提升监督管理和服务保障水平。一是构建一体化评查模式，查准找实案件质量问题。为破解同级监督难、不愿监督、不敢监督问题，杜绝虚假评查、走形式问题，可以通过上下联动、异地交叉互评的方式，跨院开展评查工作。建立案件质量评查人才库，对评查人才按业务条线进行分类管理，根据评查方案确定的案件范围，从人才库抽选符合条件的人员，采用随机轮案的方式，匹配评查案件，评查员不必受其他案外因素的影响，全面客观地查找案件问题，提出评定等次意见，提升评查工作的客观性。二

是构建一体化监控，推进流程监控实质化。最高人民检察院《关于加快推进新时代检察业务管理现代化的意见》中提出，构建以检察长和检察委员会宏观管理为统领、办案部门自我管理为基础、案件管理部门专门管理为枢纽、相关部门协同管理为保障的全方位、立体化检察业务管理组织体系。传统的流程监控工作由案管人员开展，难以实现全覆盖监控和高质效监管，推动流程监控实质化，需要办案部门的自我管理和案管部门的专门管理协同发力。业务部门在对本部门检察官办理的案件进行监管时，与案管部门形成监管合力，共同提高监管效果。三是构建一体化业务融合，形成各监督管理环节有序衔接、互为补充的监督管理格局。案件管理体系可以分为内部监督与外部监督，实体监督与程序监督，宏观管理与微观监管，包含案件质量评查、流程监控、业务数据监管、分析研判等内容。每一种监督方式都各有侧重，要把案管业务自身融合联通起来，促使监督内容层层递进、监督方式环环相扣，形成自身业务的一体化格局。

（三）构建技术支撑，科技引领一体化全面开展

智能管理是案件管理高质量发展的必由之路，能从根本上提高案管工作质效，因此要向科技要生产力，通过信息化、数字化、智能化手段，弥补人力不足的困境。一是扎实推进数字案管建设。数字案管建设是落实最高检数字检察战略的重要组成部分，是数字检察“业务主导、数据整合、技术支撑、重在应用”要求的重要一环，是案管一体化规范履职的必然趋势，案管部门要立足数据管理优势，积极探索数字案管建设作为创新履职的新发力点，努力构建贴合案管业务工作实际的数字案管模型。二是扎实推进“十个一键”落地落实。最高检案管办立足案管工作实际，建成了集办案态势一键呈现等“十个一键”的应用工作体系。这是案管发展史上的

一次大跃进。落实好“十个一键”应用工作，是创新案件管理方式的有力抓手，有助于推动“智慧案管”迈上新台阶，实现管理方式的新变革。

（四）完善机制保障，破解一体履职制度障碍

一体履职的队伍构建、业务融合、技术保障都离不开制度支撑，加快构建一体化工作机制，努力形成人才调配有据可依、业务发展有章可循、技术突破有例可援的制度体系，使案件管理一体化更加规范化发展。一是加快构建一体履职的人才调配机制。统筹调用检察官参与区域间协同业务工作，加大力度开展人才库建设工作，对人才的选拔、抽选、退出、奖惩建立相应的机制，在开展一体履职时，从对应的人才库按照固定程序进行人才抽选，完成工作纳入检察人员考核。二是加快构建一体履职的业务融合机制。对于案管自身业务的融合、案管业务与其他部门衔接形成工作机制。比如数据核查中发现的问题按照规范的流程推送到流程监控、案件质量评查环节进行进一步的问题分析。对于流程监控、案件质量评查发现的倾向性、普遍性问题进行有针对性的业务分析研判；对于严重瑕疵、不合格案件，及时将线索移送检务督察部门，通过案管自身业务的融合，形成环环相扣、紧密衔接的业务闭环，建立系统、完整的监督体系。三是加快构建一体履职的智能化提升方案。智慧案管、数字案管的构建要形成有计划、有步骤的发展格局，避免重复建设、资源浪费的情况。制定智能案管发展方案，规范引领智能管理体系的构建。

高质效案件管理的实践路径研究

管会涛　陈春如*

目　次

---

* 管会涛，河北省广平县人民检察院党组成员、副检察长；陈春如，河北省广平县人民检察院检察官助理。

一、 引言：司法新纪元下案件管理面临的挑战与机遇

（一）司法改革背景与案件管理的重要性

在新时代的司法改革背景下，最高检党组经过深入的基层调研，决定取消一切对各级检察机关特别是基层检察机关的不必要、不恰当、不合理考核，不再执行检察业务评价指标体系，不再设置各类通报值等评价指标，不再对各地业务数据进行排名通报。“一取消三不再”重大决策的作出具有划时代意义，同时围绕实现“让人民群众在每一个司法案件中感受到公平正义”，提出一体抓好业务管理、案件管理、质量管理，让检察工作回归高质效办案本职本源，这样的创新举措具有划时代意义，是一次检察机关管理方式的革命性变革，是实现科学管理的必经之路。

科学的管理方式可以提高生产效率，推动生产力的发展。案件管理部门作为现代化检察业务管理体系的枢纽部门，肩负着监督、管理、服务、参谋等重大职责。“三个管理”看似是三个不同的侧重面，实则是一个大中心，是对“高质效办好每一个案件”的有力回应。案件管理部门应当侧重于对案件进行流程、实体等全方位管理，包括办案组织设置、办案职权划分、办案监督管理等，推动把司法责任制落实到每一个案件、每一个办案环节、每一个办案组织、每一名检察官。

（二）高质效案件管理的定义与内涵

高质效案件管理是推进案件管理工作全过程的高质效，重视对重点案件类型、重点办案领域、重要业务态势的分析研判，更加强化专题分析作用，综合运用“三个结构比”，将案件质量评查作为加强“三个管理”的重要抓手。案件管理中的“高质效”既不是片

面追求质量的“上乘点”，也不是追求效率的“极高点”，而是一种案件管理质量与效率平衡的最佳“平衡点”，期望在案件管理上做实业务质效分析，做细办案流程管控，做深案件质量评查，做好管理结果运用，做强案管队伍建设，切实做到真正关注，并推动落实到每一个案件和案件的每一个环节上。因此，高质效的案件管理本质上是从一种案件管理到办理的全面提升。

二、理论框架：高质效案件管理的理论基础

（一）管理学视角下的案件管理流程优化

宏观管理和微观管理视角下，把握好优化案件管理流程的每一个“大环节”和“小环节”。宏观管理重在通过对一个地区、一个条线业务数据的分析研判，发现检察业务运行的整体性、趋势性、苗头性问题；微观管理重在用好流程监控和案件评查，发现和纠正具体办案中存在的问题。① 宏观管理主要是检察长、检察委员会、检察官联席会议的调控性管理，微观管理主要是办案部门和案件管理部门对于细节方面的管理。做好案件管理流程优化的关键环节就是做好案件质量评查，质量评查是检察官办理案件的立身之本、职责之要。要不断提高检察业务管理现代化水平，把数据宏观的分析功能与微观的案件质量评查紧密结合起来，深刻理解“一取消三不在”的思想内涵，要用真实准确的数据审查提升办案质量，找准影响检察办案质效的“症结”，为高质效履职办案提供更加科学全面的参考和依据，使案件办理过程和办理结果都能达到政治效果、法律效果、社会效果的有机统一。

① 参见申国军：《以业务管理现代化促进高质效办好每一个案件——科学理解最高人民检察院〈关于加快推进新时代检察业务管理现代化的意见〉》，载《人民检察》2024年第8期。

（二）法学理论支撑：公正与效率的平衡

在法学理论中，审查案件的公正效果和效率高低是一个核心议题，离不开高质效视角下对于公正和效率这两个看似对立统一概念的理解，即公正和效率是永恒的工作主题。在回应人民群众最朴素的情感期待中去科学看待公正和效率，公正就是公平正直，没有偏私，做到实体公正与程序公正双双兼顾，提升司法质量；效率就是在单位时间内完成的工作量或取得的效果。法院可以最小的诉讼成本实现公正司法，案件的当事人可以通过司法机关的有效裁判纠纷，平息纷争，使当事人付出最小的成本实现自身的权利。

贯彻落实公正与效率的一致性，而避免双方之间的冲突性，基层检察机关加强案件管理工作是切入点，对程序监督和实体监督、对案件流程和案件质量进行全方位、全过程的动态监督管理。① 将数据进行汇总，高质效撰写案件评查报告，提出改进措施，督促办案部门整改落实。在问效式管理机制中，对照案管任务清单和图表推进工作，逐条逐项开展问效式管理，配合“全周期管理”。②

（三）信息技术在案件管理中的应用趋势

以数字检察为代表的信息技术赋能案件管理的各个环节成为大势所趋，案件管理领域推出的案件全流程在线“一网通办”和案件全过程在线“一网通管”抓实筑牢办案和管案的两个关键环节。以大数据、云计算、人工智能为代表的新兴数字技术跻身全球科技创新的第一梯队，可以看出数字技术加快发展引领未来，如何聚力创

---

① 参见饶红敏：《基层检察机关加强案件管理工作的切入点》，载《人民检察》2023 年第 S2 期。

② 参见常保国、赵健：《“全周期管理”的科学内涵与实现路径》，载《光明日报》2020 年 9 月 4 日第 11 版。

新实现更高质量发展，成为必须回答的时代课题。数字检察是数字中国在检察机关的具体体现，是数字中国的重要组成部分，把数字检察确定为战略性工作，贯彻业务主导、数据整合、技术支撑、重在应用；切实做到网络统管一切领域，一网运行、一网通办、一网赋能、一网运维下的“智慧案管”。在数字检察整体规划下，依托信息化系统，充分、深度运用大数据，最大限度释放数据要素价值，促进案件管理更加科学。

三、 现状分析：当前案件管理的痛点与瓶颈

（一）案件管理履职不足的成因剖析

各级案件管理部门仍然存在浓厚的“被动性”色彩，缺失履职的主动性。聚焦基层检察机关，从事案件管理的工作人员以审查受理案件、制作电子卷宗、接收上传外来文书、接待律师、办理网上阅卷及案件程序性信息公开案卡传递审核、报表巡查、送案审核为主，主动谋划适合于本院的行之有效的案件管理制度、体系、方法较少，导致案件管理效能不高，出现流程监控形式化、案件质量评查表面化、业务数据分析研判浅层化等现象。

对于案件评查结果缺乏运用，案件质量评查不应仅仅是反馈给院党组、检察长的一个简单的数据叠加的评查报告，而应当做好评查工作的延伸，切实做到“查问题”“改问题”“规范办案”三措并举，实现“评查一案”而“规范一片”的效果。及时开展类案变化趋势的分析，发现问题案件和案件中的问题，通过微观个案的管理来引导规范的案件办理，并关注重点案件的趋势。坚持“受案即监管”“全流程监管”的工作理念，将案件装入监管的“笼子”，但又应保持其应有的办案活力与魅力，做好案件质量评查和流程监控、数据监管的融合。

（二）案件质量参差不齐的根源探究

每一个案件都是承办检察官组成的团队在办理，每一个案卡都是团队中的个人在填写，因此，案件管理的本质从“管案”回归到“管人”上，致力于实现案件管理“小团队”与各条线办案“大团队”的团结协作配合，形成一种对案件质量的共同的价值追求，推动案件管理工作的顺利开展，牵引提升整体检察业务工作质效。

案件质量参差不齐，究其根源，在于部分办案人员的“主观不想”和“客观不能”。“主观不想”的“得过且过”的心态表现为工作态度不认真，责任心不强，用“不求有功，但求无过”的推责心态来办理案件，容易导致在案件处理过程中出现疏忽大意，犯一些常识性或低级错误；“客观不能”的具体表现为业务水平的有待提升和办案经验的不足，办案人员的业务水平和工作经验对案件质量有直接影响。一些办案人员可能由于经验不足或业务不够熟悉，在处理案件时容易出现错误和瑕疵，甚至一些错误在每一环节中会放大，可能影响案件的公正审理。

（三）信息技术应用不足的现状与挑战

推进“信息化、数字化、智能化”的发展是提升案件管理工作效率和质量的关键因素。目前，已有一些智慧案件管理项目展现出了明显的成效。例如，“数据校验助手”帮助案件管理部门迅速且准确地定位数据错误和遗漏，而在线案件评审系统则为异地交叉评审提供了技术支持。此外，业务数据分析工具也实现了对核心案件质量指标和关键数据趋势的自动化分析及可视化呈现。截至目前，案件管理人员还习惯于“单兵作战”，还缺乏一体化思维，智慧案件管理、数字检察建设方面与“数字赋能监督、监督促进治理”的目标定位仍有很大差距。①

智慧化构建是一个多维度且错综复杂的工程项目，当前在其推进过程中，分散式的发展模式尤为显著，导致了诸如碎片化、重复性研发及系统间互不兼容等难题。一方面，智慧化建设的步伐往往与区域经济的繁荣程度紧密相连，众多经济相对滞后地区的智慧案件管理体系与数字检察应用尚处于萌芽状态，相较于发达地区，在思维模式、模型构建及系统升级等方面存在明显差距。另一方面，基层检察院面临资源匮乏的困境，缺乏足够的支持，“自主研发力量薄弱，外购成本高昂”成为制约其智慧化水平提升的瓶颈。同时，上级检察机关虽依赖软件技术公司进行研发，但这些系统往往难以精准对接基层检察院在监督办案中的个性化需求，从而导致投入与实际效益之间存在不匹配、不协调的问题。

四、创新实践：高质效案件管理的实施策略

（一）检查评查：构建全方位案件质量保障体系

案件质量检查评查是加强检察业务管理的重要手段，是落实和完善司法责任制的重要举措。要把准案件检查评查的主要目的，不是将矛盾越评越多，而是将问题越评越少。切实做到兼听则明、偏信则暗，运用好评查智慧。在撰写案件质量评查报告时，不应当简单地进行问题的加总，而应当将一定篇幅的赞赏放在第一位，使得案件评查报告做到“赏罚分明”，即案件办理的环节中值得称赞的地方应当列明，问题应当被鲜明指出，使得评查报告在客观公正的基础上可以增添一丝“人情味”。案件质量评查有其必要性：一是完善检察权运行制约监督机制的必然要求，案件质量评查是加强检

① 张为等：《检察案件管理科学化智能化发展进路》，载《人民检察》2023 年第 11 期。

察业务管理的重要手段，是落实和完善司法责任制的重要举措。通过评查发现问题、剖析原因、找准症结、及时整改、举一反三。二是“高质效办好每一个案件”的内在驱动，“高质效办好每一个案件”是新时代新征程检察履职的基本价值追求，重在“高质效”，关键在“办好”，难在“每一个”，高质效办案需要高水平管理，高水平管理促进高质效办案，案件质量是检察工作的生命线，关乎司法公信力和公平正义的实现。三是加强“三个管理”的重要抓手，通过案件质量评查把握案件管理，通过案件管理处理好业务管理上“管案”和“管人”的关系，高质量检察管理锻造出可担当时代重任的高素质检察铁军。基层检察工作是全部检察工作的基础，作为“三个管理”的执行者、实践者，案件管理部门作为基层检察机关的一个组成部分，其思想高度、领悟能力、践行效果，在一定程度上决定了“三个管理”中“高质效案件管理”的落地效果。①

（二）数字赋能：利用信息技术提升案件管理效能

正所谓“工欲善其事，必先利其器”。数字检察战略是驱动案件管理工作高质量发展的关键变量，是一项具有基础性和重大牵引力的工作，是解决“过河”问题的“桥或船”，应借力数字技术，依靠人工智能代替部分人力监管工作，将人从繁杂的传统监管模式中解放出来，破解监管难题。构建数智案管的基本框架，以全过程系统为总目标，搭载人民监督员、听证员平台，进行案件的繁简分流，实现案件的“一案一码一账户”，使得数据驾驶舱可以行稳致远。以“高质效管好每一个案件”为目标，以案件全生命周期无感管理为导向，运用案件全过程在线管理系统，走好“管案办案”的

① 余红、刘松茂：《抓实“三个管理”高质效办好每一个案件》，载《检察日报》2024 年 11 月 2 日第 3 版。

三个步骤，形成“1+1+1”的格局：一是在构建三级预案各有侧重的履职格局的基础上，发挥基层检察机关的托底作用，形成纵向指导有力，横向协作紧密的新格局；二是创新构建监管规则生产应用的一套标准化规范化流程，若是“没有规则”，那么系统是一个空架子，不能有效运行，若是“有规则不更新”将会造成系统在旧的模式中“空转”，不能持续有效运行，因此应当在原本规则的基础上做好升级优化、创新发展；三是打通系统链路，实现案件管理与案件办理全程同步，期望达到“一案件一监管”和“一监管一案件”的良好效果，即案件全生命周期的“案件化”管理模式。

（三）构建学习型组织：提升案件管理人员素养

加强案件管理队伍建设，进一步提升业务素能，促进案管业务稳步提升。以案件管理的“我管”促进业务部门依法履职的“都管”。案件管理“小团队”应当注重自身的人员素质培养，形成案管部门之间的“上级一命令、下级便响应”的工作机制，上级主管部门应当多次集中组织案件管理业务培训班，通过“名师授课+业务竞赛+经验分享”的方式加强案管人员后备人才的培养。在统一思想中解放思想，深刻认识案件管理部门的枢纽定位和专门管理职责，增强做好新时代案件管理工作的使命担当，以高质效检察管理锻造堪当时代重任的“案管铁军”，服务于“三个管理”的检察大局、新局。加强各部门、各条线之间的协同配合，以业务部门为主导、案件管理部门为辅助，检务督察部门、政工部门等各司其职、各有侧重，要共同抓实业务管理、案件管理、质量管理，实现权力与责任的平衡、放权与管权的统一、管案与管人的结合。坚持统筹好守正与创新，在品牌建设、理论研究及人才培养上持续发力，推动案管工作的质量变革、效率变革、动力变革。

业务研究

YEWU YANJIU

加强社会治理检察建议释法说理的有效路径

周霞琴　陆　婵*

目　次

---

* 周霞琴，上海市人民检察院案件管理办公室副主任，三级高级检察官；陆婵，上海市青浦区人民检察院第六检察部副主任，一级检察官。

（二）确保文书制作优质化，讲清事理、讲明法理、释明情理，提升说理透彻性

（三）实现释法说理全程化，形成闭环式跟踪督促模式，提升说理有效性

加强检察法律文书释法说理工作，让正义以看得见的方式实现，是新形势下推进检察机关法律监督能力现代化和法治现代化的有效途径①。加强社会治理检察建议释法说理不仅是提高检察建议质量的题中应有之义，更是实现社会治理检察建议从制发、送达到采纳、整改，最终推动社会治理价值升华的必然要求。

一、加强社会治理检察建议释法说理具有现实必要性

（一）从历史发展进程看，加强社会治理检察建议释法说理是新时代提升检察建议工作的必然要求

检察建议产生于检察实践，在初期主要是行使法律监督权的方式，多以随案制发的方式呈现。2019 年最高人民检察院印发《人民检察院检察建议工作规定》（以下简称《检察建议工作规定》），明确了制发社会治理检察建议需要经过调查核实、征求意见、制作文书、审批审核等程序，检察建议逐步实行案件化办理。从办事向办案的转变过程中，改变的不仅是办理方式，释法说理的要求也从文书制作贯穿到办理全过程。随着《检察建议工作规定》的出台，全国检察机关社会治理检察建议的制发数量明显上升，为了把“有质量的数量”和“有数量的质量”统筹在更加注重在质量上，最高检提出要推动由“办理”向“办复”转变的更高要求，强化释法说理

① 李清伟、朱红刚：《检察法律文书释法说理工作存在的问题及对策》，载《中国检察官》2020 年第 9 期。

是提升社会治理检察建议制发质量和效果的有效途径，是实现由“办理”向“办复”转变的必然要求。

（二）从文书制作要求看，加强社会治理检察建议释法说理是增强检察建议刚性的必然要求

检察法律文书是释法说理的载体，释法说理是检察法律文书的必备内容①。《检察建议工作规定》要求检察建议内容应当明确具体、说理充分、论证严谨、语言简洁、有操作性。释法说理不仅是社会治理检察建议的主要内容也是文书制作的基本要求，是保障其刚性和实效的前提。刚性不足往往是制约社会治理检察建议作用有效发挥的瓶颈，加强释法说理是有效破解路径。通过准确阐明事实、充分说明理由、严谨论证分析，能够更全面、清晰地向被建议单位阐明检察机关制发检察建议的原因、建议的具体内容和法律依据等，提高被建议单位的认可度、接受度，继而推动整改落实到位，提高社会治理检察建议的权威性和有效性，是高质效履行法律监督职责的必然要求。

（三）从未来发展趋势看，加强社会治理检察建议释法说理是检察机关服务保障中国式现代化的必然要求

《中共中央关于加强新时代检察机关法律监督工作的意见》明确，要积极引领社会法治意识，将社会主义核心价值观融入法律监督，通过促进严格执法、公正司法，规范社会行为、引领社会风尚。社会治理检察建议在推进多层次多领域依法治理，提升社会治理法治化水平方面发挥着重要作用。检察机关通过加强在社会治理检察建议办理各环节的释法说理，凝聚与被建议单位的共识、形成

---

① 中国军：《案件管理实务精要十二讲》，中国检察出版社2023年版，第316页。

工作合力，在以法治方式推动解决群众急难愁盼问题、营造法治化营商环境、促进社会公平正义等方面同向发力，将良法善治的理念更深入、更具象地传导到全社会，为实现中国式现代化提供法治保障。

二、 社会治理检察建议释法说理中存在的问题

（一）事实、依据、建议不准确，影响检察建议精准性

部分检察建议由于制发前未就案件事实、法律依据开展充分调查核实，未与被建议单位开展充分沟通，导致释法说理不精准，主要表现在以下几个方面：一是对存在的问题或事实阐述说理不准确。有的检察建议仅依据办案中获得的部分书面信息材料便对案件事实或认定的问题下结论，导致检察建议制发缺乏事实基础，被建议单位回复不予采纳。如某份针对学校和教师未落实强制报告制度的检察建议，学校、教师在与学生家长核实情况后再向公安机关报案的行为符合强制报告制度关于“在具备先期核实条件的情况下，学校、教师可对未成年人疑似遭受不法侵害的情况进行初步核实，并在报案或举报时将相关材料一并提交公安机关”的相关规定，但由于制发时事实调查不清、对法律规定理解不到位，导致检察建议提出的问题不准确。二是对监督依据的说理不准确。个别检察建议在制发前未对涉及的相关法律法规、有关行业、单位的内部规范等进行充分了解，制发的检察建议缺乏法律依据。三是对整改要求的说理不准确。有的检察机关对相关问题的调查核实不全面、不深入，与被建议单位事先沟通不够，对被建议单位的职责了解不到位，不当提出不属于其职责范围内的整改建议，导致检察建议无法落实整改。

（二）分析不到位、说理不具体，影响释法说理透彻性

说理笼统简单、论证分析能力不强等释法说理不透彻问题在实践中较为普遍，主要表现在以下几个方面：一是机械落实最高人民检察院检察建议。个别检察建议存在为了落实而机械制发的倾向，未能结合具体案件、具体问题和当地具体情况因案、因地制宜地提出有针对性的建议，如有的检察建议未能结合当地具体情况说明制发的理由和依据，提出的建议多为照搬照抄最高人民检察院制发的检察建议的相关内容。二是对不同被建议单位的不同事项指出的问题存在雷同。如有的检察建议针对校车超员类危险驾驶行为，向教育局和镇政府制发的两份检察建议内容完全一致、针对性不强。三是缺乏说理或说理论证过于笼统简单。一些检察建议，在罗列法条之后直接建议监管机构一次查清有关事项①。有的检察建议的建议内容仅简单表述为“希望在往后工作中，严格执法，最大限度保护公民合法权益”，说理不充分、措施不具体。

（三）送达和跟踪督促环节的说理不重视，影响检察建议有效性

宣告送达、异议复核等环节同样需要释法说理，通过各环节的充分说理可以加强与被建议单位的沟通交流，提升问题的认可度和整改的全面性，但实践中存在以下几种现象：一是个别单位将回复作为采纳，对检察建议是否真正落实到位督促不够；对于落实中存在的阻力和困难，部分检察官存在畏难情绪，不善于通过主动沟通和释法说理消弭分歧、形成共识、凝聚合力，影响了检察建议的效

① 陈兰、杜淑芳：《制作检察法律文书实务中的几个问题》，载《中国检察官》2022年第7期。

果。二是跟踪督促中的释法说理工作需进一步强化。对于超期未回复问题，检察机关未通过进一步释法说理督促被建议单位及时落实整改措施，从而导致检察建议的落实效果难以保证。三是宣告送达工作地区发展不均衡。从全国看，各地对检察建议宣告送达的重视程度不一，如有的地方早在 2019 年已明确要求检察建议公开宣告送达，全省建成检察建议宣告室 135 个①，但也有部分地方对社会治理检察建议宣告送达不够重视，仍以书面送达为主，送达环节的释法说理还落实不到位。

三、加强社会治理检察建议释法说理的具体建议

（一）推动调查核实实质化，找准问题、用对法条、提好建议，提升说理精准性

2024 年全国检察长会议指出，检察办案要注重透过案件背后的发案原因，从制度机制上找漏洞，从可整改、能见效的角度入手，向有关部门发出检察建议，推动源头治理。加强和改进社会治理检察建议释法说理工作首先要从提升精准性出发，精准性是前提和基础，离开了精准性，社会治理检察建议的质量便无法保障，监督的刚性、权威性更因此而受到折损。精准性包括问题阐述精准、理由说明精准和意见建议精准三个方面的具体内容，三者缺一不可，问题的精准阐述是起点，理由的精准说明是支撑，意见建议的精准提出是目的。

从具体实现路径而言，案件化办理模式是确保精准性的有效举措，目前检察建议在形式上已经实现了从随案办理向单独案件办理的转变，但实质上并未发生根本性变化，依托原案材料书面审查的

① 《省检察院向省人大常委会报告检察建议工作情况》，载四川省人民检察院网，http：//www. sc. jcy. gov. cn/xwdt/sydt/201909/t20190927_ 2691955. shtml。

模式仍是实践中的普遍做法，找准问题、查明原因、提出建议都是建立在充分调查核实的基础上，因此改变原办案模式、推进社会治理检察建议案件化办理必须推动调查核实实质化。建议将《检察建议工作规定》中关于调查核实的具体方法和要求进一步细化，鼓励检察官走出卷宗、走出办公室，通过实地走访、了解情况、调取材料、委托鉴定、评估、审计等多种方式全面查清检察建议所涉事实。将听取被建议单位意见作为制发社会治理检察建议前的必经程序，确保制发前就问题、依据和建议对策进行充分沟通，并将释法说理环节提前到制发前。进一步丰富案件办理方式，完善咨询专家、召开听证会等多种形式，引入“外脑”智慧确保建议依据的准确性和建议内容的可行性。

从工作机制层面而言，要将案件办理中的审核、审批、审查等各办案环节的质量管控抓实，形成内部协同、上下一体的质量管控模式，把好调查核实质量关。从制发院内部而言，在启动调查核实前的审批环节，检察长要对调查审核的具体方式、计划以及可行性、充分性进行全面审核把关。在文书制发前的审核审批环节，检察长和法律政策研究室除关注文书规范、质量，还需重点对案件中涉及的具体问题、制发依据是否经过充分调查核实，意见建议是否经过充分沟通、论证进行审核把关。对于上级院而言，在备案审查过程中，应重点关注下级院在制发检察建议过程中调查核实的充分性、有效性，有针对性地指出存在的问题，提出改进要求，并对下级院的调查核实工作做好业务指导和培训引导。

（二）确保文书制作优质化，讲清事理、讲明法理、释明情理，提升说理透彻性

检察法律文书作为检察业务活动的有形载体，能够直观反映出

各个环节的检察工作①。让人民群众真正可感受、能感受、感受到公平正义，就必须加强法律文书释法说理工作②。社会治理检察建议作为检察法律文书的一种，文书的释法说理不仅是检察建议质量的重要体现，更是检察履职过程和情况的重要体现，因此必须加强。《最高人民检察院关于加强检察法律文书说理工作的意见》明确法律文书释法说理应当遵循“依法进行、有针对性、讲求方法、注重实效”四大方面的原则，《检察建议工作规定》要求检察建议内容应当明确具体、说理充分、论证严谨、语言简洁、有操作性。结合上述两个文件的要求，检察建议文书的释法说理必须讲清事理、讲明法理、释明情理，因此透彻性是加强释法说理工作的关键和核心。

落实透彻性的要求，具体应当通过强化释法说理的规范性、针对性和严谨性三方面予以推进。规范性方面，检察建议文书释法说理必须符合《人民检察院检察建议法律文书格式样本》的制作规范，确保事实及证据、违法情形或应当消除的隐患、建议的内容及依据等需要释法说理的重要内容不缺失。针对性则要求在释法说理时要结合每一个案件的特点有针对性地就原因、建议和依据展开具体论述，应当具体明确地指出存在的问题有哪些、违反了什么规定、规定的具体要求是什么，就建议内容而言应当详细阐述被建议单位的具体职责并在此基础上结合问题提出切实可行的建议，避免出现照抄照搬或者简单格式化表述。严谨性一方面要求法律用语、问题表述等准确、规范；另一方面则要求说理逻辑严密、层次分明。这就需要检察官全面梳理案件中事理、法理、情理，对案件事实或存在的问题用简洁、凝练的语言表述，从事理出发用通俗易懂

---

① 上海市崇明区人民检察院课题组、奚山青、王恩海等：《浅析检察法律文书的质量与规范体系》，载《黑龙江省政法管理干部学院学报》2021 年第 5 期。

② 申国军《案件管理实务精要十二讲》，中国检察出版社 2023 年版，第 320 页。

的语言、清晰的逻辑讲明法理，最后用接地气的语言讲明情理，实现法、理、情的有机统一。

从管理机制层面来看，需进一步丰富质量管理方式、延伸管理效果，发挥好正向引领和反向审视作用。在监管方式方面，建议形成齐抓共管的管理模式。业务部门应定期开展释法说理质量检查工作，通过自我检查及时发现问题，法律政策研究室可在社会治理检察建议工作情况通报中设立释法说理专门板块，定期通报问题，案件管理部门可定期开展释法说理专项评查工作。在管理效果延伸方面，要实现从发现问题向整改问题、提升质量的延伸，对于问题要精准提出改进意见，对于优秀文书要及时发布以供参考借鉴，通过正向引领和反向审视做好管理“后半篇文章”，真正实现通报一案、规范一片的效果。

（三）实现释法说理全程化，形成闭环式跟踪督促模式，提升说理有效性

2024年全国检察长会议强调，检察机关要提高检察建议质量，建议发出后要持续跟进监督，持续推动从“办理”向“办复”转变。释法说理的根本目的是与被建议单位形成共识，促进问题整改落实。社会治理检察建议要实现从“办理”向“办复”的转变，离不开后续跟踪督促环节的释法说理，形成从制发到办复闭环的全过程释法说理模式。因此，有效性是释法说理的目标和方向，主要是指要通过进一步延伸释法说理的环节、丰富释法说理的方式等进一步提升社会治理检察建议的实效。

在释法说理的形式上可对宣告送达的具体方式、参与人员等方面不断丰富、创新。建议可以结合检察建议宣告送达的实际需求探索外部力量协同履职创新机制，如邀请人民监督员、人大代表、政协委员等参与宣告送达，对于被建议单位的异议由第三方开展评

价，提高释法说理的客观性、权威性。在宣告送达的方式上，可以探索以座谈会、磋商会等灵活多样的形式进行。在宣告送达的地点上，可以走出检察机关，深入企业、社区、学校、机关等基层单位，以提升释法说理的认可度、知晓度。完善检察建议落实整改情况跟踪机制，明确督促落实环节的走访跟踪、回头看等工作具体要求。完善检察建议制发后的异议处置机制，进一步强化对被建议单位异议、不回复、不采纳情况的释法说理，开展上门走访、圆桌会议等多种形式的释法说理，认真听取被建议单位的异议和落实中的困难等，积极争取地方党委、政府和上级检察机关的支持，努力与被建议单位达成共识。

为切实提升释法说理的有效性，在机制层面需进一步优化评价标准和模式。有学者提出，应进一步细化检察院内部考核标准，避免将“采纳率”“回复率”作为检察建议质量与效果的唯一评判标准①，实践中可以探索将社会治理检察建议释法说理质量作为评价检察建议制发质量的重要内容，进一步补充、完善检察建议评价标准，以此进一步督促检察官提升释法说理的理念意识和能力水平。在开展案件质量评查的基础上，做好评查与奖惩、追责的衔接，对于释法说理效果好、质量优的检察建议推荐给政工部门开展适当的精神和物质奖励，并作为评优、评先、遴选、晋升的参考。同时要建立问题移送机制，对于因释法说理不准确、不到位等问题造成社会治理检察建议质量不高被评定为瑕疵案件或者不合格案件，或者出现造成不良社会影响，给检察机关良好形象带来负面评价的依法移送检务督察。

① 刘亦峰、冯琪：《检察建议制度的发展路径探析——以提升“检察建议刚性”为核心点》，载《辽宁公安司法管理干部学院学报》2021 年第 1 期。

少数民族地区检察听证情况分析

——以J省Y州检察机关听证实践为样本*

李 欣 王金玲 李祖慧**

目 次

* 本文系2024年度最高人民检察院检察听证理论研究课题“少数民族地区检察听证机制研究”的阶段性成果。

** 李欣，吉林省延边朝鲜族自治州人民检察院党组书记、检察长；王金玲，吉林省延边朝鲜族自治州敦化市人民检察院党组成员、副检察长；李祖慧，吉林省延边朝鲜族自治州敦化市人民检察院综合业务部副主任。

检察听证是检察机关贯彻落实习近平法治思想、践行全过程人民民主要求，依法履职的重要举措，是检察机关监督办案的新形态、新方式①。随着司法实践的不断深入，检察听证制度得以进一步健全完善。2020 年最高检出台《人民检察院审查案件听证工作规定》（以下简称《工作规定》）、2022 年最高检印发《人民检察院听证员库建设管理指导意见》（以下简称《指导意见》），为检察听证工作规范运行提供了坚实的制度基础，在促进检察权规范行使、推进社会治理、实现高质效办案等方面发挥了积极作用。近年来，Y 州检察机关深入践行以人民为中心的发展思想，坚持“应听证尽听证”，将检察听证作为化解矛盾纠纷，维护边疆民族地区社会和谐稳定的重要抓手，切实让少数民族地区群众感受到公平正义。本文以 2021 年至 2024 年 Y 州检察听证实践为样本，探讨 Y 州检察听证的运行概况、困难不足和改进方向。

一、 Y 州检察听证工作运行概况

从听证数量看，呈现有降有升的态势。2021 年至 2024 年，Y 州检察机关共开展检察听证活动 1154 件次，年均 288 件次左右。其中，因 2020 年《工作规定》出台，与政策性引导有关，2021 年听证数量最多，为 397 件；2022 年受新冠疫情影响，听证数量有所下降，为 221 件；2023 年检察听证 276 件，同比上升 24.9%；2024 年为 260 件，听证数量仍有提升空间。

从听证类型看，行政检察类案件占比较大。2021 年至 2024 年听证案件中，行政检察案件 415 件，占 36.0%，其中，检察建议研究、制发 242 件；刑事检察案件 398 件，占 34.5%，其中，不起诉案件为 369 件，占刑事检察听证案件的 92.7%；民事检察案件 79

① 申国军：《案件管理专题研究十八篇》，中国检察出版社 2023 年版，第 158 页。

件，占6.8%；公益诉讼案件172件，占14.9%，均为行政公益诉讼案件；控告申诉检察案件40件，占3.5%，其中，司法救助21件；其他类型案件50件，占4.3%。“四大检察”听证开展不均衡，2021年至2023年听证类型以行政检察听证为主。2024年刑事检察听证占比最高，为73.8%。（见表1）

表1　听证案件类型

单位：件

年份	刑事检察听证	民事检察听证	行政检察听证	公益诉讼检察听证	控申检察听证	其他类型案件
2021年	47	10	191	109	16	24
2022年	73	24	84	22	1	17
2023年	86	19	138	13	12	8
2024年	192	26	2	28	11	1

从听证方式看，以公开听证为主，听证直播逐步推广应用。1154件次检察听证案件中，公开听证案件为1016件，占88.0%；不公开听证案件为138件，占12.0%；以直播方式开展听证的案件为54件，占公开听证案件总数的5.3%。2023年以来，听证直播呈明显上升趋势，听证直播主要以刑事案件为主，共52件，占听证直播的96.3%。（见表2）

表2　听证举行方式

年份	公开听证件数及占比	不公开听证件数及占比	听证直播件数
2021年	375件，94.46%	22件，5.54%	2件
2022年	173件，78.28%	48件，21.72%	0件
2023年	233件，84.42%	43件，15.58%	15件
2024年	235件，90.38%	25件，9.62%	37件

从听证主体看，听证主持人方面，1154 件听证案件中，院领导主持听证 691 件，占比 59.9%。2022 年至 2024 年，院领导主持听证占比较均衡，在 50%—59% 之间浮动；检察长主持 32 件，占 7.80%。院领导带头主持听证，更有助于提升司法公信力，促进矛盾化解。参加听证人员方面，近年来主要集中为听证员、人大代表、政协委员、人民监督员以及其他社会人士。（见表 3）

表 3　听证主持及参加听证人员情况

年份	院领导主持件数及占比	检察长主持件数及占比	参加听证主要人员身份				
			听证员	人大代表	政协委员	人民监督员	其他社会人士
2021 年	281 件，70.78%	62 件，15.62%	690 人次	224 人次	80 人次	779 人次	206 人次
2022 年	130 件，58.82%	9 件，4.07%	452 人次	90 人次	26 人次	279 人次	285 人次
2023 年	139 件，50.36%	10 件，3.62%	228 人次	67 人次	72 人次	235 人次	194 人次
2024 年	141 件，54.23%	13 件，5%	707 人次	24 人次	9 人次	493 人次	45 人次

从听证程序看，听证案件主要由检察机关启动，听证意见采纳率较高。1154 件听证案件中，检察机关依职权启动 1135 件，占 98.4%；当事人依法申请听证 19 件，仅占 1.6%。在当事人申请听证的案件中，主要为不起诉案件、民事检察监督、社区矫正人员外出监督审查等案件。听证案件启动主体呈现明显“一头沉”情况；在决定阶段，采纳多数听证员意见和听证员同意检察机关处理意见占比较高。检察机关采纳多数听证员意见 1087 件，采纳占比为

94.2%。从各年度情况看，除2021年采纳多数听证员意见占比相对较低外，其他年份占比均在90%以上。多数听证员同意检察机关初步处理意见1129件，占97.8%，说明检察机关充分听取听证员意见，听证员认同和支持检察机关办案意见。（见表4）

表4　听证启动方式及听证意见采纳情况

年份	依职权提起件数及占比	当事人申请提起件数及占比	采纳多数听证员意见件数及占比	多数听证员同意检察机关初步处理意见件数及占比
2021年	392件，98.74%	5件，1.26%	354件，89.17%	387件，97.48%
2022年	215件，97.29%	6件，2.71%	221件，100.00%	220件，99.55%
2023年	269件，97.46%	7件，2.54%	269件，97.46%	267件，96.74%
2024年	259件，99.62%	1件，0.38%	243件，93.46%	255件，98.08%

从少数民族情况来看，2021年至2024年，Y州检察机关审查起诉涉少数民族犯罪嫌疑人分别为771人、469人、920人、1008人，分别占犯罪嫌疑人总数23.2%、20.2%、24.1%、20.0%。开展听证案件中人员涉及朝鲜族等少数民族的95件，占听证总数的8.2%，运用“双语”听证案件仅32件，占听证案件的2.8%，比例较低，说明运用“双语”进行听证还有很大空间。（见表5）

表5　少数民族情况

年份	审查起诉涉少数民族犯罪嫌疑人人数及占比	涉少数民族的听证案件件数及占比	双语听证案件件数及占比
2021年	771人，23.2%	25件，6.30%	0件，0%
2022年	469人，20.2%	15件，6.79%	2件，0.90%
2023年	920人，24.1%	17件，6.16%	0件，0%
2024年	1008人，20.0%	38件，14.62%	30件，11.54%

二、检察听证工作存在的问题

（一）检察听证工作统筹不够健全

1. 统筹协管需进一步加强。案管部门作为业务管理的枢纽，在检察听证工作起到统筹协调的宏观作用，实务中具体的管理职责不够明晰，存在“统而不管”的现象，易导致工作衔接不畅、指导不力的问题，难以形成上下联动、共同推进的工作局面。是否启动检察听证，取决于检察官的办案意愿，检察官在判断哪些案件适合检察听证时存在听证案件范围选取不够精准，听证案件启动存在随意性，工作重点不够突出等问题，容易导致听证资源的浪费和错配。部分检察官在听证过程中可能出现程序上的疏忽或简化，影响了听证结果的权威性和公信力。

2. 检察听证工作开展不平衡。虽然《工作规定》明确了七种可以组织听证的案件，但 Y 州听证案件集中在行政检察监督、不起诉等案件，审查逮捕案件、民事公益诉讼案件的听证还是空白，羁押必要性审查案件听证仅 2 件。近四年检察听证案件数量波动较大，说明检察官主动听证意识有待增强，面对检察听证工作中可能出现的复杂情况和挑战，甚至存在畏难情绪或本领恐慌，担心自己无法胜任或处理不当，导致推进听证工作的动力不足，影响了听证工作的全面开展。

3. “双语”听证运用不足。Y 州作为少数民族聚居区，司法实践中会办理一定比例的涉少数民族案件，运用少数民族语言文字听证，有助于少数民族当事人根据自己的语言习惯，通俗易懂地理解和从内心认同案件结论、法律权威和司法公信力，在矛盾纠纷化解、争议有效解决方面发挥积极作用。但本地区检察听证基本是以通用语言文字为主，适用“双语”听证比例较低，近年来运用“双语”听证案件仅32件，占听证案件的2.8%。

（二）听证运行机制仍需完善

1. 听证案件选取不够精准。《工作规定》第4条、第5条规定了适用听证案件的条件，从Y州刑事案件听证类型看，主要集中在不起诉案件，不起诉案件又多以危险驾驶罪、帮信罪居多。工作实践中，未能从案件难易、复杂程度将普通听证与简易听证作区分，如果每个案件单独听证耗时耗力，不利于缓解基层日趋增多的办案压力，也不利于听证工作质效提高。不同类型案件所涉及的法律关系、争议焦点、证据要求等方面存在显著差异，因此需要采取不同的听证策略和程序安排，充分运用有限的听证资源。

2. 听证案件类型未区分。《工作规定》对检察听证的应用和类型作出了一般性规定，但未对简易听证作出明确具体规定。从检察听证制度的精细化运作与效能提升的角度来看，听证案件类型未区分的问题影响了听证程序的针对性和有效性。工作实践中，没有从案件难易、复杂程度对普通听证与简易听证进行区别，不利于缓解基层日趋增多的办案压力。不同类型的案件，其涉及的法律关系、争议焦点、证据要求等方面存在显著差异，因此需要采取不同的听证策略和程序安排。在有限的听证资源下，如果未能根据案件的重要性和紧迫性进行优先排序和合理调配，就可能出现“大案小办”“小案大办”的现象。因此，对听证案件类型进行明确区分，有助于实现听证资源的优化配置和高效利用。

3. 听证意见未充分展现。《工作规定》第10条规定，在听证三日前告知听证会参加人、案由、时间和地点等，听证员仅能了解案件的基础信息。检察机关当天在听证会议上介绍案情，难以做到面面俱到，基于这种流程大部分听证员很难对案件进行充足、深入的了解①。留给听证员思考的时间不多，其提出的意见对检察机关参考价值有限，使听证成为检察机关对参与主体的单方面信息灌输，影响了听证效果。

4. 听证结果反馈落实不到位。《工作规定》明确规定，检察官不能当场作出决定的，应当在听证会后依法作出决定，向当事人宣告、送达，并将作出的决定和理由告知听证员。工作实践中，存在检察官对告知程序不够重视，在案件处理决定后，未及时告知听证结果的情形。在听证员及听证会各方参与人发表意见后，检察官未能及时对上述意见归纳总结。

（三）听证员选任管理不够完备②

1. 听证员库结构需优化。2022 年 Y 州检察院设置听证员库，共 109 名听证员。其中，律师 32 人，占 29.4%；国家机关 28 人，占 25.7%；事业单位 31 人，占 28.4%。听证员来源于各基层院通过地域推荐选任，部分基层院推荐选任的听证员人数与办案量不对等，导致听证员选用紧张。比如，2023 年 B 市检察院审查逮捕、审查起诉 3371 件，占全州的 43.4%，该院推荐入库听证员 11 人，占听证员总数的 10.1%。此外，部分听证案件所涉业务领域与听证员的专业知识能力不完全匹配。

2. 对听证员缺乏相应的评价机制。听证员在检察听证过程中发挥着至关重要的作用，其评议意见对案件处理具有重要参考价值。关于听证员培训、考核、奖惩、退出机制尚未有明确规定。听证员同意检察机关办案意见的情况较多，发表具有针对性、实质性的评议意见较少，“只听未论”，存在走过场的情形，不利于听证工作实

① 霍敏：《检察听证制度完善研究》，载《国家检察官学院学报》2022 年第 1 期。

② 张大中、王海：《检察听证应用问题研究》，载《理论与当代》2022 年第 4 期。

质化。听证员的工作质量难以得到有效评估，这在一定程度上削弱了听证制度的权威性，进而影响听证结果的客观性和公正性。

3. 听证员选取适用需进一步规范。《指导意见》规定，听证员一般从听证员库中随机选取。但根据办案实践，部分的简易听证案件是由办案人或承办部门邀请听证库外的律师参与听证，办案人与听证员之间往往还较为熟络，易导致听证员发表意见的独立性和客观性不足。

（四）检察听证公开力度不够

1. 听证公告执行不到位。《工作规定》明确，决定召开公开听证会的，应当发布听证会公告，但以什么方式发、通过什么渠道发等都没有明确规定。实践操作中，受办案人认识程度、案件办案时限等原因，多数案件并没有发布听证公告①。听证公告执行不到位最直接的影响便是损害了公众的知情权。公众作为司法活动的监督者和参与者，有权了解并参与与其利益相关的司法过程。然而，当听证公告未能有效传达时，公众的这一权利便无法得到充分保障。这不仅削弱了公众对司法活动的信任和支持，也可能导致司法决策过程中缺乏必要的公众意见和监督，影响司法公正与透明。

2. 听证工作宣传力度不够。在工作实践中，检察听证案件集中在业务条线，由业务部门负责案件的审查、调查以及作出最终决定，案件管理部门承担着听证员抽选和管理、听证数据统计分析等统筹性工作，目前检察听证宣传工作没有明确的部门职责划分。同时，业务部门可能因忙于案件的办理而忽视了对听证工作的宣传；案件管理部门虽然掌握了听证数据，但是难以将数据转化为具有吸

---

① 黎娟、黄敏：《检察听证工作实践和优化建议——以江西省检察机关为实践样本》，载《中国检察官》2023 年第 9 期。

引力和影响力的典型案事例。由于宣传主体责任不清，导致不能全面展示检察听证的经验做法和工作成效。

三、对策建议

（一）深化一体化工作机制

1. 加强统筹谋划。推进检察听证与业务办案深入融合，积极构建“领导带动、部门联动、全员参与”的工作格局，让听证成为检察工作的一种常态，深度挖掘检察听证的司法价值。发挥“关键少数”作用，提高院领导特别是检察长主持听证比例，解决争议焦点突出、疑难复杂的有影响案件，通过发挥领导示范作用，带动检察官更加主动、全面开展“四大检察”听证工作，促进“高质效办好每一个案件”。强化听证能力，积极学习借鉴典型案例和先进经验，通过理论授课、现场观摩、研讨交流等形式，以实训提升检察人员做好群众思想工作、驾驭检察听证复杂局面、释法说理化解矛盾等能力，增强开展检察听证工作的主动性。

2. 拓展发挥案管部门监管职责。检察听证是检察办案的重要组成部分，也属于检察业务工作范畴。案件管理部门作为检察业务管理的专门机构，理应对检察听证的全流程进行监督管理。工作实践中，可以从宏观管理与微观管理两个维度加强管理，通过对检察听证案件数量、类型等数据的分析，宏观把握检察听证态势，引导检察官全面深入运用检察听证工作机制。常态化实现案管人员列席听证活动，通过案管人员“亲临性”“直观性”现场了解检察听证开展情况，从听证程序启动、听证评议、听证意见、听证结果等方面加强个案监管，确保检察听证工作规范运行。

3. 建立“双语”检察听证机制。坚持“能听证、尽听证”，将犯罪嫌疑人或被害人涉及少数民族的案件纳入检察听证重点范围，切实保障少数民族当事人合法权益。在充分征求和尊重案件当事人意愿的基础上，对涉及少数民族当事人参与听证的，检察机关要在听证活动中专门配置精通少数民族语言和法律业务知识的检察人员，便于在听证现场进行双语传译，让少数民族当事人能更高效、畅通地沟通、交流及理解法律规定和法言法语。同时，有针对性地抽选既通晓少数民族语言文字，又具备法律经验、专业领域知识的听证员，更好地保障检察听证结果公平、公正，切实发挥“双语”运用在释法说理、化解矛盾、促进和谐等方面更好更大的作用。

（二）进一步完善检察听证运行机制

1. 建立检察听证启动审查机制。加强工作横向联动，控申部门与其他业务部门加强听证案件的办案风险评估，开展案件反向审视，防范因听证引发涉检舆情或不稳定因素；加强“案管 + 业务”沟通协调，发挥前置过滤作用，共同研判听证必要性，将听证资源更多地集中到“具有争议、疑难复杂、有影响”的案件上来。实行听证案件繁简分流，争议较大或者有重大影响案件，严格按照听证程序，逐案开展检察听证，保证听证的公正性和严肃性；对事实认定、法律适用、案件处理等争议相对不大的案件，可以按案件类别进行集中听证，如具有诉讼终局性的轻微刑事犯罪不起诉案件，通过“个案审查，集中评议”的方式，提高检察听证效率。结合地域特点，探索将涉外案件纳入检察听证。Y 州作为东北亚区域经济、人口、地理三个重心的交汇点，与周边国家人员、贸易等交流交往日益密切，不可避免地面临涉外法治问题。2021 年至 2024 年，Y 州检察机关审查起诉外国籍犯罪嫌疑人分别为 33 人、32 人，57 人、29 人。工作实务中，可探索涉外国人犯罪、涉外经济纠纷、涉外家庭婚姻纠纷等案件开展检察听证，解决诉争焦点，以“国之大者”的全局意识，践行发展全过程人民民主的检察答卷。

2. 开展多元听证模式[①]。一是集中听证，将多起案情相似、争议焦点相同的案件进行集中听证，以提高办案效率和节约司法资源。二是上门听证，根据案件当事人的实际情况，灵活设置听证地点，将听证会开到当事人家门口或方便参与的地方，以便更好地服务群众和化解矛盾。涉及生态资源保护的公益诉讼检察听证，选择在生态保护现场召开，如湿地公园、河流湖泊等地，让参与听证的人员沉浸式感受公益被破坏的情况，增强保护生态环境的紧迫感。同时，结合听证会开展普法教育，提高公众对生态资源保护的认识和重视程度。三是云端听证，利用现代信息技术手段，通过远程视频连线等方式进行听证，以适应特殊案件的需求，既可以有效节约司法资源，又可以保障当事人的合法权益。

3. 推进听证员实质发表意见。听证工作质量高低往往体现在听证员是否实质化发表意见。会前要加强沟通。在听证前三日，不仅告知听证时间、地点、案由等基本内容，而且办案人有必要向听证员沟通主要案情、法律适用和听证目的等相关信息，必要时可以送达相关听证材料，确保听证员会前熟悉案情。会上要加强说理引导，办案人重点围绕法律事实、法律关系、争议焦点等充分释法说理，阐明案件争议焦点和解决的问题，引导听证员根据案件事实、证据、法律规定、专业知识及社会经验，多角度、客观、中立地发表意见[②]。针对重大、疑难、复杂案件，可以为听证员安排阅卷程序，提供必要的时间让听证员熟悉案卷材料，深入了解法律事实、法律关系、法律规定，确保听证意见有更充分的事实依据、法理依据、情理依据，提升听证质效。

① 柳小惠、杨芳、杨利军：《检察听证价值功能分析及实践运用》，载《中国检察官》2022 年第 17 期。

② 宋能君：《“解”，检察听证的关键词》，载《检察日报》2021 年 1 月 13 日第 3 版。

4. 做好检察听证的“后半篇文章”①。检察听证结束后，检察官要全面梳理、认真研究听证员评议意见，制作《听证结果反馈表》，详尽说明听证评议意见采纳情况、案件处理结果和依据，及时反馈听证员，对拟不采纳听证员多数意见的，应单独形成工作报告，充分阐释不采纳理由和依据，报检察长决定。结合检察听证，通过座谈交流、调查问卷等形式，定期收集、整理听证员相关工作建议，转化为加强和改进检察工作的有力措施。加强跟踪治理。对检察听证中发现的深层次的社会治理问题，充分发挥法律监督职能，实现办案法律效果和社会效果有机统一。例如，办理刑事被害人不起诉案件，是否开展司法救助，化解社会矛盾；办理民事诉讼监督、行政诉讼监督、公益诉讼案件，是否发挥社会治理检察建议作用，达到“办理一案，治理一片”的工作效果；办理涉边涉外刑事案件，主动加强与公安、边防、海关等部门分析研究，加强边贸走私、偷越国（边）境、跨境诈骗等犯罪刑事分析，共同参与边境治理，维护边疆少数民族地区安全稳定。

（三）进一步健全听证员作用发挥机制

1. 加强听证员库建设。首先，丰富听证员知识层次、范围的多样化。听证员要覆盖不同的社会职业类型，根据工作实际需要，坚持机动、灵活的原则，适当补充、调整听证员，逐步完善“法律型、专业性、社会型”② 为主体框架的听证员库，提高相关领域专家人才比例。其次，考虑少数民族地域因素，有针对性地聘任既通晓少数民族语言文字，又具备法律经验、专业领域知识的人员担任

① 王祺国：《检察公开听证与新时代“枫桥经验”研究——以浙江省嘉兴市检察机关为视角》，载《浙江工业大学学报（社会科学版）》2022 年第 2 期。

② 庄永廉、杨建顺、高景峰等：《检察听证的理论依据与实践发展》，载《人民检察》2021 年第 1 期。

听证员，更好地保障检察听证结果公平、公正。

2. 建立健全听证员管理机制。结合 Y 州少数民族地区常见多发的案件类型，特别是涉边涉外等犯罪案件，有针对性地定期开展犯罪要件构成、法律规定等方面的培训，引导听证员高质效履职。同时，围绕听证员出勤率、发表意见、保守秘密、参加培训、示范引领等方面建立履职档案，全环节记录听证员履职情况，对发表意见质量高、积极宣传检察听证工作并取得良好工作效果的听证员，在精神和荣誉方面给予表彰和奖励，并向听证员所在单位或居（村）委会通报；对无故拒绝参加检察听证，违反相关工作纪律的听证员，及时约谈提醒，对其提出改进的要求和措施，如果积极整改，则继续保留听证员资格，如果不能改正，则作出退库处理。

3. 建立符合案件特点的听证员选用机制。结合案件业务类别、化解争议焦点，坚持听证员随机抽选为主、主动邀请为辅的原则，如普通案件听证采取随机抽选方式，涉及特定领域的专业性问题，结合办案部门、案件当事人的意见，可从听证员库外筛选相关领域专家型人才担任听证员。坚持一体履职，统筹听证员库资源“一盘棋”，比如，根据听证案件解决争议焦点、民族因素或涉及专业问题，跨县市区域选用与听证案件业务需求相匹配的听证员，合理使用听证人力资源，或者便于听证员履职监督，听证会举行地选在听证员居住、工作就近的区域召开。

（四）进一步深化检察听证公开机制

1. 健全听证会前公告制度。检察听证会前的公告有利于人民群众深入了解、积极参与检察听证工作，促进检察听证工作规范开展，让检察权在阳光下运行。针对不同类型的案件，做好公示内容审查，谨防发布敏感或易引起人民群众误解的内容，运用 12309 中国检察网等宣传渠道，对外公布听证案件基本情况、听证时间地点、参与方式、听证员名单等信息。尤其是对听证案件的背景、争议焦点等关键信息进行详细描述，说明参与听证的具体要求和流程，便于公众判断听证的重要性与自身关联性，降低公众参与的难度和成本。

2. 加大检察听证公开力度。主动邀请新闻媒体、社会人士、基层社区人员参加旁听检察听证，对犯罪嫌疑人、被害人、当事人涉少数民族案件，可使用“双语”听证公告、听证评议、听证直播等。通过Y州少数民族地区报纸、刊物等宣传检察听证工作，选取有影响力、代表性的案件，展示听证过程、争议焦点、处理结果及其社会意义，增强公众对检察听证制度的理解和认同，促进少数民族地区经济社会高质量发展。

3. 加强宣传工作保障。探索建立“案管+业务”的宣传工作联动模式，案管部门与各业务部门指定专人，持续跟进宣传工作，强化数据整合与业务办案的资源优势，案管部门牵头抓总，健全与业务部门的沟通协作、信息共享等常态化工作机制，定期调度和梳理典型听证案事例，提炼具有宣传价值的工作信息。同时，选取有影响力、代表性的案件，注重通过本地区报纸、刊物等深入宣传检察听证工作，增强人民群众对检察听证制度的理解和认同。

案件管理系统信息化建设优化路径之基层思考

姚　舟　黄超英　黄祖英*

目　次

---

* 姚舟，福建省莆田市涵江区人民检察院党组书记、检察长，三级高级检察官，全国检察业务专家；黄超英，福建省莆田市人民检察院案件管理办公室主任，四级高级检察官，福建省检察业务专家；黄祖英，福建省莆田市涵江区人民检察院综合业务部主任，一级检察官。

近年来，随着科技的飞速发展和司法改革的不断深化，案件管理系统的信息化建设已成为提升检察工作效能的关键抓手。本文旨在从基层检察院的视角，深入探讨案件管理系统信息化建设的现状、价值以及存在的问题，并提出切实可行的优化路径建议。

一、 基层检察院案件管理系统信息化助推高质效办案

“高质效办好每一个案件”必然要求高质效的案件管理，而信息化是其中重要的一个环节。案件管理部门作为管理的枢纽部门，利用信息化、智能化手段提升管理水平，既是适应新形势新任务的必然要求，也是践行检察履职能力现代化的重要途径，[①] 更是持续优化检察管理，推动构建检察“大管理”格局，贯通推进“三个管理”的必由之路。

（一）缓解基层人手短缺

基层案管部门的职能设置各有不同，以 F 省 P 市 H 区基层检察院（以下简称 H 院）为例，案件管理仅为该院综合业务部门职责之一。该院现有在编干警 54 人，综合业务部中负责日常案件管理工作的仅员额检察官、检察官助理、聘用制书记员各 1 人。2022 年至

① 参见刘涛等：《检察案件管理信息化智能化建设的三个维度》，载《人民检察》2023 年第 S2 期。

2024 年，该部门受理案件数分别为 746 件、606 件、801 件，上述 3 名案件管理人员完成案件受理流转、律师及当事人接待等工作已占据太多精力，面对流程监控、质量评查、数据核查等深层次管理工作往往力有不逮。案件管理系统信息化程度的提升大大缓解了管理压力，将干警从人工录入、卷宗制作、数据筛选等重复性高的事务性工作中解放出来，流程监控、质量评查、数据分析研判等高端管理工作遂在该院逐步实质化。

（二）强化案件流程监控

案件管理系统以案件全生命周期管理为目标，将办理全流程纳入了程序和数据的融合监管，使每一个案件都有一份数字办理流程监管档案。通过系统流程监控模块对所有案件的各个环节进行巡查监控，在发现问题后立即通过系统推送至承办检察官进行整改，后者只需要登录系统，即可查看、处理、反馈。案件管理部门还可通过报表数据功能，对个案流程问题背后的人、事、因、制等进行深层次分析，开展类案筛查，从而掌握质量控制的主动权，预防旧病复发。可以说，信息化语境下的检察案件流程监控，能确保监控的准确性和效率性完美结合，从而督促办案部门在尽可能短的时间内、以严格规范的程序完成办案流程，确保以管理提升办案质量，以程序规范促进实体公信，让人民群众感受到公平正义。① 2022 年至 2024 年，H 院案件管理部门各发出书面及口头流程通知 24 件次、41 件次、67 件次，呈现监控密度不断提高的态势，推动该院刑事案件平均办案时长从 2022 年的 31.4 天下降到 2024 年的 26.5 天，并在全市率先试点建立了轻微刑事案件立案至判决 48 小时一站式办理机

① 申国军：《检察机关案件流程监控工作的检视》，载《中国检察官》2023 年第 23 期。

制，以流程监控助力办案质效大幅度提升的效果明显。

（三）提升数据录入质量

目前检察业务应用系统预设有办案信息检测规则，承办检察官在填录办案信息时系统同步显示提供在线帮助，填录完成后，系统将根据预设规则对填录的案件信息进行自动审核，并提醒及时补录、修正。系统根据办案进程，自动抽取相关文书进行信息回填，没有相应回填信息或者回填信息有逻辑错误的，即时提醒承办人审核确认。案件管理部门也安排专人通过系统开展案卡信息审核，将错填漏填项及时通报各办案部门承办人；同时，对案卡填录常错问题进行统计汇总，分析错填漏填原因及案卡填录逻辑规则，逐级上报对系统填录提示进行完善，提高数据填录质量，形成了承办人自我审检、系统智能提示或修正、案管部门协同巡查三位一体的数据真实化保障体系。诚如学者所言，数据真实性是支撑案件精细化管理的前提，唯有作为被管理者和数据生产者的审判人员及其辅助人员、作为数据使用者的案件管理人员，以及智能化系统之间形成一个案件数据生产、使用和加工的整体闭环，方能实现案件数据质量的显著提升。①

（四）助推质量评查实质化

案件管理系统的信息化为案件质量评查的走深走实至少提供了两方面助力：一方面，极大增进了评查广度。信息化之前，案件质量评查是一项复杂的工程，从人才库的建立到人员的挑选，从实体案卷的调取、分配和回收到评查意见、报告的交流和定谳，牵扯人

① 李鑫：《智慧审判监督管理一体化建设的逻辑与实践》，载《武汉科技大学学报（社会科学版）》2023 年第 6 期。

力物力甚众，由此造成重点评查和专项评查无法走深走透，常规评查更是只能采取随机抽样或自报案件的方式，使大量“小案”“普案”落入监管盲区。而信息化下的质量评查系统，借助电子卷宗、办案系统及一定设备将各种信息进行存储、加工、传输，极大突破了时间、环节和人力资源匮乏的窘境，实现评查范围和评查效率的质变飞跃。① 近三年，H 院案件评查数量依次为 79 件、104 件、177 件，除了完成对四类重点案件评查的硬任务，每季度固定完成一次由检察委员会决定议题的专项评查，每半年完成一次与兄弟县区院的交叉评查，在数量和形式上均实现了量级式突破。另一方面，极大挖掘了评查深度。过往的评查，大多将精力集中于细节性、事务性的办理瑕疵之上，如页码、装订、签字等，使得评查流于表面、陷于浅层。而辅以信息化、智能化的案件评查系统，上述浅层问题可由系统智能化识别选取，经由评查人甄别后写入报告，促使评查精力集中到疑难复杂问题的深水区中。同时，借由智能化的类案比对和数据检索功能，评查人面对一些疑难病症时，可以通过提炼问题线索，构建机器检索模型，并导入智能评查系统进行深入评查，从而在“证据采信标准、量刑幅度平衡、删除事实根据”等复杂问题的类案平衡上开展实质性评查。例如，在 H 院和同属 P 市的 L 院交叉评查过程中，两院评查人员通过评查软件中的智能检索和数据碰撞功能发现，H 区和 L 区作为该市假冒鞋服案件最高发的两个县区，在假冒鞋服的交易价格认定、缓刑判处标准等方面存在极大差异，H 院不仅认定实际交易价格的证据标准较低导致犯罪数额较易导致删减，且缓刑判处概率远高于 L 区，造成相邻辖区类案处理严重失衡，吸引大量鞋服犯罪嫌疑人将生产基地集体乔迁至 H 区的问

① 赵丽娜：《数字赋能案件质量评查的路径与机制构建》，载《〈智慧法治〉集刊 2023 年第 3 卷——推进教育数字化的法治保障研究文集》。

题。遂共同制发评查请示报告至P市检察院，经由P市，两院共同制定备忘录统一了上述类案处理问题，展现了评查智能化、实质化的制度功效，从而“让数据发声，让数据关联，用大数据思维发现办案规律，设定办案标准，指导办案活动”①。

（五）汇聚检察治理之智

透过数据找准检察工作的切入点，针对业务数据分析中反映出的本地社会治理倾向性问题，及时专题汇报或制发检察建议，促进社会治理效果整体提升，从而创新检察机关参与社会治理的新方式。如H院案管部门在非法经营案件专项评查中就发现近几年辖区该类案件大幅上升，且罪项主要集中于无证经营烟花爆竹，该部门迅速对辖区内近三年同类案件的相关数据和涉案关键词进行了调取，并在上级院案管部门的支持下，与相邻县区的该类案件近三年发展态势进行了比对，最终得出了“由于H区近三年民间油站的经营者因在外经营不善大量回流本地，依托其长期经营危险化学物品的经验，开始大量无证售卖烟花爆竹，加之监管部门对于该动态趋势掌握不足，未能及时调整监管措施导致查处力度不足、巡查漏洞频出而引发该类案件抬头趋势明显”之结论，并据此制作了一体化监督线索向本院刑事检察部门移送。之后，还会同该院刑事检察部门，依托落实最高检“八号检察建议”的专项行动，围绕加强管理、落实监督、强化宣传等方面向相关行政部门制发检察建议，促使相关行政部门开展辖区无证经营烟花爆竹大排查治理工作。2023年至2024年，辖区内涉烟花爆竹类非法经营案件分别减少16.7%和25.0%，呈现持续下降的趋势。实现了案件管理信息化模式下，

① 李阳：《打造智能时代司法文明新坐标——人民法院智慧法院建设工作综述》，载《人民法院报》2019年3月10日第7版。

“多维度呈现工作成效，及时发现短板弱项，为各部门了解掌握情况、针对性采取措施、调整工作侧重点提供数据支撑，从而使得打击、预防该类案件均更为精确”的制度效用。①

二、基层检察院案件管理系统信息化的现状和短板

（一）案卡填录优化不足易致数据失真

整体而言，案卡中案单、人单已基本实现信息全覆盖和抓取，案卡填录已具备业务逻辑互斥自动提醒、业务结构缺失自动警告等智能预警功能。但案卡填录尚未实现简繁分流，简案自动填录、案卡信息一键关联等智能功效尚未完全实现，部分基础信息仍需重复填录。此外，数检通等智能排查工具程序的采购和运用情况参差不齐，导致案卡错填漏情况有时仍需依靠统计员和内勤协管员人工排查，不仅填报错误率直线上升，也给案管人员数据审核增加难度。以 H 院为例，案卡填录的准确性在数年时间内起伏巨大，在 2022 年至 2024 年三年平均受理刑事案件审查起诉约 624 件 981 人的规模体量下，每年分别被省院案管部门通报的案卡填录问题有 14 项、37 项、20 项。其中，2023 年 6 月数检通合同到期，不得不转为手动排查案卡后，当年度案卡被通报数量陡然由上半年的 10 项激增至下半年的 27 项；后经由检察长专门召开联席会议成立案卡填报排查专班后，2024 年通报数量明显下降，但仍较数检通正常运行时错误数量明显上升。由此可见，案卡填录优化不足使得数据真实性维系于两点：一是另需付费的第三方插件；二是所谓的强力组织、奖惩机制，这种粗放式管理导向偏差，与“隔壁公司”“各系统通过数据接口进行数据汇聚时，就会出现数据不一致、数据重复、数据缺失

① 郭箐：《大数据赋能检察业务管理的路径探究》，载《中国检察官》2023 年第 19 期。

等各种问题，给审判监督管理的数据使用带来极大的困扰”① 的数据失真乱象倒是颇有异曲同工之处。

（二）检察业务数据分析和提供决策支撑存在短板

可视化、智能化的检察业务数据分析研判能力在为制发社会治理类检察建议提供数据服务和支撑上尚有不足。比如，社会治理类检察建议多依靠业务部门承办人从个案或者类案办理中发现问题，现有案管信息系统仅能实现案件罪名占比等情形的基础分析，尚无法实现灵活运用（多维度）智慧查询、类案查询、“全文搜索”等功能进行智能分析研判，实现对特定区域、特定群体、特定时段的案件数据和犯罪手段进行深层次的分析，及时发现数据背后的社会管理问题，为检察机关融入基层治理提供数据分析支撑和服务的能力有所欠缺。另外，系统自动生成“检察官、业务部门、全院”三个层面的数据图谱，通过业务态势展示、列表清单排名、同比环比分析等功能直观呈现案件办理质效，实现“见人、见案、见问题”，这种“一键呈现检察业务态势、一键开展业务数据分析研判”的高度信息化、智能化的系统功能距离投入基层检察工作的实际应用程度，恐怕还有一段不小的距离。

同时，由于缺乏对应用场景的设计，数据的应用闭环没有形成，较少使用反馈学习，使得数字智能化的发展较慢。② 2023 年至 2024 年长达两年轰轰烈烈的大数据法律监督模型制作和推广活动，虽然将大量地方检察机关有关法律监督数据碰撞、比对的先进经验做法以智能化模型的方式固定、展示，为各地拓展法律监督的视

① 李鑫：《智慧审判监督管理一体化建设的逻辑与实践》，载《武汉科技大学学报（社会科学版）》2023 年第 6 期。

② 林竹静：《数字检察建设的实践检视与完善思路》，载《检察风云》2024 年第 14 期。

野、优化监督思路提供了极好的平台和借鉴。然而，不可忽视的是，在现有政法数据壁垒、各地检察机关信息联通阻隔尚未完全打破的大背景下，加之场景设计智能化程度不足、借由法学知识高度提炼而成的算法逻辑还不够成熟等问题，使得模型所依据的数据以及模型本身都难谓“大数据”，更遑论“智能”，缺乏足以推广的普遍适用性，各子场景间贯通融合以及各检察院间共促共进、共享共赢的力度不足。① 例如，某区检察机关向课题组所在的 H 院极力推荐的社矫人群脱漏管智能预警模型，虽然在数据碰撞上提供了极好的思路，但两个辖区在检察机关与司法行政机关社矫人员的数据信息联通程度之间天差地别，导致 H 区检察机关为了使用该模型不得不向司法局拷贝全部社矫人员信息后手动填录并手动更新，工作量甚至比没有使用该模型时还大。

（三）流程监控获得的信息化、智能化供给不足

近年来流程监控在信息化、智能化供给方面，“总体上处于从人工监控向信息化监控的转变阶段，不少地方主要靠人工开展监控，信息化水平不高是流程监控的重要短板”②。包括案件流转节点缺乏实时可视化呈现，干警难以快速掌握案件进度和超期风险。部分旁枝性、易忽视的业务环节（如涉案财物管理、担保人资格变化等）未纳入监控体系，存在监管盲区。预警阈值（如办案期限、文书提交节点）多为固定参数，未能根据案件复杂程度、类型差异动态调整。例如，无法自动识别，或者说并未设置手动填入并启动的“重大敏感复杂案件”“涉众型经济犯罪案件”特殊流程监控模式，

① 参见高景峰：《数字检察的价值目标与实践路径》，载《中国法律评论》2022 年第 6 期。

② 中国军：《检察机关案件流程监控工作的检视》，载《中国检察官》2023 年第 23 期。

从而对“被害人亲属权益告知”“涉案财产续封”等这类特殊案件中极为重要的程序履行情况进行特殊、重点、实时监控，所谓“需要设置相应的标准和程序，在案件受理和办理时进行主动识别，保障相关信息及时进入监控视野，对重大舆情或办案风险进行有效监控和管理，从而掌握工作的主动权”① 的需求即来源于此。

同时，在基层院的案件流程监控中还经常出现系统监控和案件办理实际相冲突的“人机之争”。例如，关于嫌疑人取保候审案件的审查期限问题，由于对刑事诉讼法第 98 条的理解存在不同看法，部分基层检察院认为根据该条款逆推可得出取保候审案件的办理期限可以超过 1.5 个月的办案期限，甚至根据刑事诉讼法第 76 条可以得出最长办案期限可以长达一年的结论，故而长期对于流程预警和超期提醒视而不见，部分院案件管理部门甚至配合删除预警提醒并篡改操作日志，使得所谓信息化、智能化流程监控最终返回人工操作的窠臼。

（四）法律监督线索的挖掘和移送等管理职责不充分

H 院自 2023 年开始法律监督线索移送工作以来，均为刑事检察部门移送案管部门初步审核后流转至民行检察和公益诉讼检察部门，案管在积极履行线索移送管理审核职责的基础上，尚未能发挥案件管理的数据资源优势，深度挖掘检察数据价值，充分调动内生数据活力，从中发现法律监督线索。仅靠业务部门自查发现，内部法律监督线索移送工作的质效大打折扣。比如，未能着眼于基础数据，立足于检察一体化履职的中枢职能定位，持续关注受理的污染环境、非法采矿、销售假药等涉及公益诉讼办案领域，以及故意伤

① 邹开红：《司法案件流程管理问题探析与完善》，载《河南社会科学》2018 年第 7 期。

害、交通肇事等易造成当事人死亡、重伤或严重残疾的案件，收集汇总可能涉及公益诉讼或司法救助的监督线索，移送业务部门进一步核查。且尚未实现“三书智能比对”功能，挖掘和发现侦查监督、审判监督和抗诉线索方面有待加强。

三、基层检察院推进案件管理系统信息建设的优化路径建议

最高人民检察院《关于加快推进新时代检察业务管理现代化的意见》提出，构建以检察业务管理现代化为主线，以检察业务管理理念、体系、机制、能力现代化为主体的工作格局。而案件管理系统信息化是检察业务管理现代化的内在要求和重要依托，唯有不断加强案件管理系统信息化，实现案件管理的可视化、流程化、智能化、一体化，方能以高素质案件管理服务保障新时代检察业务“三个管理”的现代化。

（一）基层案件管理信息化的价值定位

从基层检察机关的案件管理实际需求角度出发，其管理系统信息化的司法价值定位应是“以管理促成案件办理的公平正义和质效提升的平衡实现”。

公平正义要求，在实体上，案件办理有更高的质量，在案件事实认定、证据审查、法律适用等方面，必须坚持最严的标准，实现实体的正义；在程序上，案件的流转更为公开透明，阶段的演进更为高效便捷，确保公平正义更快来到人民群众身边，切实增强司法信任；在效果上，要以人性化的方式让公平正义来到人民群众身边，让司法信息对人民群众更为公开开放，有更为畅通的渠道引导人民群众在参与司法、监督司法上享有人民当家作主的尊荣感和使命感，真正实现人民司法。据此，案件管理的信息化应当围绕上述

目标，对案件质量进行自动监管、动态分析，在个案办理上能对个案质量偏差及时进行预警；在流程监控上智能化提醒程序违法、拖沓、重复现象，助推程序的高效运转；在司法信息的公开上更加及时、全面、透明，在听证工作的开展上更加可视化、便捷化、全覆盖。① 多维度得以管理促办理的公正，永远是信息化的第一追求目标。

但也必须看到的是，基层检察机关面临较大办案压力，办案检察官办理任务繁重的态势在很长时间不会改变，管理提效果和管理不越位这两个看似不矛盾，但在实际应用中常会形成此增彼减关系的目标追求，必须以信息化的极大提升来加以缓解。仅以案件质量评查为例，越发提升的评查强度会不会给承办人检察官带来更大工作量，毕竟承办人不仅要应对自己案件的评查，还需高频率地参与对他人案件的评查，因而动摇其独立办理案件、得出审查结论的信心，反而拖累了案件办理的效率？从这个角度来说，信息化必须能够有效地解决原来人工处理案件管理事务中效率不高、重复性劳动多、质量不高等突出问题，如在流程监管上，实现全过程自动监管自动提醒，整改情况自动汇总，实现无人化智能监管；在案件质量评查上，实现以软件全面智能化评查为主、人工重点评查为辅的评查模式，确保评查全面覆盖并减少人工投入；等等。

由此，实现追求公平正义的加法和确保质效提升的减法之间的衡平，是信息化必须锚定清晰的价值追求。

（二）基层案件受理的信息智能化

首先，在打破信息壁垒的大前提下，实现“一案一码全流程”。

---

① 苏金基、刘元见、唐智峰：《智能管理理念载检察机关案件管理中的应用研究》，载《第五届全国检察官阅读征文活动获奖文选——优秀奖》。

依托检察业务应用系统与政法互联跨部门办案平台，实现一个案件从侦查（调查）机关立案时就分配一个二维码编号，直至审判机关判决乃至进入二审程序都由该编码作为其唯一识别信息，下一阶段的政法机关只要扫码入库，则其所有案件信息都能够顺利进入其办案系统并智能化建立案卡，提高录入的效率和准确性。同时，编码所附着的案件信息应尽可能丰富和准确，包括了电子卷宗、流程节点、法律文书、嫌疑人信息，尤其是涉案财物的信息和冻扣情况也应一同准确附着，确保案件“整件接收”，不留缺漏。此外，公检法可以通过统一平台设置流转条件，如进入下一阶段的办案时间最低要求、最低文书要求、羁押措施要求等，一旦条件不符合则进入人工审查程序，以“自动化识别 + 人工审核”的方式实现流转智能化和审查实质化的良性结合。基层案件数量多、情况杂，“一案一码一流程”将极大提升受案的规范性和便捷性。

其次，在具象化难易程度的前提下，设计智能化案件分配模型。以人数、笔数、册数、罪名、热度、犯罪时间跨度等公认要素为权重，由系统智能化、公允化判断难易程度后，给出量化（分值）审查结果，结合智能化的检察官、办案组属性画像，如工作能量、能力专长、工作经验、所任职务、过往案件质量等，进行总体平衡式的案件智能化分配。① 在此期间，系统必须结合考虑检察官及其办案组办案总数、在岗情况、额外任务、在办累积等要素，不断地以可视图谱的形式进行调整，实现动态平衡。基层院科室内，“忙闲不均”“不患寡而患不均”问题是严重影响办案质效甚至是内部团结的重要因素，信息化和智能化是消弭该问题的良方善举。

最后，将数据填录质量监控系统嵌入检察业务工作管理系统

① 侯建刚、方司晨：《检察机关智能化案件分配模型设计的新思路》，载《中国检察官》2023 年第 7 期。

中。在填录时同步显示提供在线帮助，填录完成后系统将根据预设规则对受理案件信息进行自动审核，并提醒补录、修正。在填录信息跨月之前，以系统自带的巡逻车类智能软件开展自动巡查，发现检察官应当填录的信息没有填的，或填录内容与案件信息不符的，由系统自动提醒补填、修正，检察官不补填的，由业务系统提示案管人员督促承办检察官整改，并将相关信息流转给案管部门和办案部门负责人备案。

（三）基层案件办理监控的信息智能化

在流程监控信息智能化方面，以“智能监控 + 电子处罚 + 自动推送”取代原有人工监控为主的方式，将事后监督转变为事前预警、事中提醒、事后督促相结合。① 已经实现的“办案时限自动预警”和“办案文书自动矫正”功能还需进一步优化，对于诸如“取保候审的办案时长”“公安机关取保候审案件的送案时间节点”等焦点性问题，最高检应明确并反映到自动预警上，形成硬性的全国统一标准，杜绝以所谓的“争议问题”来逃避智能化监控，回到人工、手动监控的陈规陋习上，消弭“人机之争”现象。同时，建议增设特殊案件流程监控模式，一旦启动该模式，则涉众型经济案件、重大舆情案件等特殊案件中的特殊关键程序，如涉案财物续冻、被害人或其亲属权益告知等，将成为重点预警提醒项目，使得流程监控更加定制化、有针对性。可增设定期生成流程监控问题综合报告模块，对突出流程问题、类案流程问题进行自动分析，生成专项分析，供案管部门进行研判。

在案件质量智能化监管方面，立足于“检察 + 人工智能”的发展路径，积极研发并应用智能辅助系统开展评查工作。通过提升文

① 中国军：《“智慧案管”体系建设与实施路径》，载《人民检察》2021 年第 Z1 期。

字识别技术来丰富案件信息要素的抓取，在累积上述要素的基础上，对该智能辅助系统灌输大量的不合格、瑕疵案件信息，促成其对评查标准、逻辑方法的学习，实现对基础乃至更高一层质量问题的自动标准、自动识别直至自动评价。① 但质量评查的信息智能化限度应仅尽于此。基于算法黑箱和法学知识信息化转变不足导致的模型逻辑点模糊化，以及可能蕴含的算法歧视等问题，本文始终认为司法自由裁量权与算法不可解释性之间存在背反性的张力。② 智能评查软件始终只能起到一定限度的辅助作用，最终的质量评定仍应由评查人根据办理案件的客观环境、所处时空、情理法融合等全面要素加以评定，唯有裁量不可交予机器。

（四）基层业务数据分析的信息智能化

一方面，广泛应用现有工具。基于基层检察院数据体量小、技术力量弱、资金成本少的现实困境，为便于系统接入和入门使用，可在全国范围内积极寻找成熟可靠的数据分析产品工具，结合本单位现实需求进行业务数据分析。一是既充分运用现有系统的分析模型和模板，又引入其他地区检察机关的先进数据分析产品，在充分整理、利用检察业务数据的基础上，引入本地经济、人口、工商、税务等外部数据，围绕本地区中心工作，以法律视角整合数据，关注食品药品、未成年人保护、医疗保障等重点领域问题，既研判检察机关自身业务规律，也发现自身业务变化与外部环境之间的关系。二是探索外部AI智能产品如DeepSeek等与检察业务深度融合及本地化部署，凭借其先进的推理模型和强大的智能分析能力，精准提取数据分析所需要的关键信息，构建“智能筛查+精准分析+

① 上海市宝山区人民检察院、华东政法大学刑事法学院联合课题组、杨永勤、吴羽：《检察机关案件质量评查方法及其智能化发展》，载《中国检察官》2023年第7期。

② 李鑫：《智慧审判的建构策略与推进路径》，载《东南法学》2023年第1期。

高效决策”的全链条数据分析体系。

另一方面，自主研发特色工具。为满足本地特色和个性化需求，可适当开展定制开发，通过自主研发技术工具、构建算法模型，发现数据异常波动的情况及数据特点，通过放大异常点位分析数据波动的原因，以更高的维度层次和更深的关联管理，为具有区域特点的业务数据分析提供专业化、精细化的数据支持。如结合H院所在辖区的侨乡特色，针对侨乡儿童保护、偷越国（边）境等重点领域研发数据分析模型，深度开发检察业务数据反映社会现象尤其是社会矛盾冲突的价值洼地，为社会治理现代化提供“检察预警”目的。

黔西北地区电信网络诈骗关联犯罪分析

——以近年来Z县检察机关办案情况为样本

王庭霞　宋厚俊　高　洁*

目　次

* 王庭霞，贵州省织金县人民检察院党组书记、检察长；宋厚俊，贵州省织金县人民检察院综合业务部副主任；高洁，贵州省织金县人民检察院综合业务部书记员。

（四）司法层面：侦查取证较难、案件质量不高、专业化队伍建设滞后等难题仍然存在

（五）犯罪预防层面：一般性预防和特殊预防均存在不足

三、基于实证的基层电信网络诈骗关联犯罪的治理建议

（一）全力夯实经济基础，推进经济转型调整

（二）合理布局教育资源，强化劳动技能培训

（三）着力培养守法意识，提升道德水平

（四）持续强化司法工作，提升办案质效

（五）综合运用全面预防和重点预防等措施

Z县地处黔西北地区，受经济、教育、道德、司法和犯罪预防等因素的影响，近年来该县电信网络诈骗关联犯罪呈多发高发态势。从Z县人民检察院2022年1月至2024年6月受理审查批准逮捕电信网络诈骗关联犯罪案件的情况来看，电信网络诈骗关联犯罪受案总数为296件408人①，占同期受理审查批准逮捕刑事案件总数1645件1938人的比例分别为18.0%和21.1%，在同期各类刑事案件中独占鳌头，已经成为该县平安建设、法治建设的重要不稳定因素，亟须开展深入调查研究，创新治理体制机制，推动基层电信网络诈骗关联犯罪治理现代化。

一、近年来Z县电信网络诈骗关联犯罪发案态势

2022年1月至2024年6月，Z县人民检察院受理审查批准逮捕电信网络诈骗关联犯罪嫌疑人408人②，受理审查起诉电信网络诈骗关联犯罪嫌疑人376人，同期收到电信网络诈骗关联犯罪被告人

① 本文涉及的案件数据及犯罪嫌疑人、被告人数据均来源于检察业务应用系统2.0。

② 由于本文涉及的案件超半数为共同犯罪，为便于统计和分析，仅统计犯罪嫌疑人、被告人数。

判决 296 人，总体上呈现如下态势：

（一）受案数变化

1. 电信网络诈骗关联犯罪嫌疑人数远超电信网络诈骗犯罪嫌疑人数。2022 年 1 月至 2024 年 6 月，Z 县人民检察院受理审查批准逮捕电信网络诈骗犯罪嫌疑人 245 人，同期受理审查批准逮捕电信网络诈骗关联犯罪嫌疑人 408 人，比例为 1 ∶ 1.67，电信网络诈骗关联犯罪嫌疑人数远超电信网络诈骗犯罪嫌疑人数。这个比例意味着，每个电信网络诈骗犯罪嫌疑人的背后，有近 2 个关联犯罪嫌疑人为其电信网络诈骗犯罪活动提供帮助。由于在实践中电信网络诈骗犯罪常常依赖关联犯罪的帮助行为，电信网络诈骗关联犯罪的治理有效与否，直接关联对电信网络诈骗犯罪的有效治理。电信网络诈骗关联犯罪嫌疑人数远超电信网络诈骗犯罪嫌疑人数态势，反映出电信网络诈骗关联犯罪治理仍然是有效治理电信网络诈骗犯罪的关键环节。

2. 2022 年以来，电信网络诈骗犯罪呈逐年上升趋势，而电信网络诈骗关联犯罪受案人数存在大幅波动。Z 县人民检察院 2022 年全年受理审查批准逮捕电信网络诈骗犯罪和电信网络诈骗关联犯罪嫌疑人数分别为 58 人、90 人；2023 年全年受理审查批准逮捕电信网络诈骗犯罪及电信网络诈骗关联犯罪嫌疑人数分别为 89 人、260 人；2024 年 1 月至 6 月受理审查批准逮捕电信网络诈骗犯罪及电信网络诈骗关联犯罪嫌疑人数分别为 98 人、58 人。电信网络诈骗犯罪嫌疑人数呈逐年上升态势；电信网络诈骗关联犯罪嫌疑人 2023 年在 2022 年的基础上激增，2024 年 1 月至 6 月呈断崖式下跌。电信网络诈骗关联犯罪嫌疑人数的变化，一定程度上反映了近年来开展的反电信网络诈骗犯罪专项工作取得的治理成效，同时也反映了 2024 年以来仍然有大量电信网络诈骗关联犯罪案件仍然积压在侦查环节或者处于未案发的状态。电信网络诈骗关联犯罪基数仍然较大，形势仍然不容乐观。

3. 主要罪名为帮助信息网络犯罪活动罪和掩饰、隐瞒犯罪所得、犯罪所得收益罪。在Z县人民检察院2022年1月至2024年6月受理审查批准逮捕的电信网络诈骗关联犯罪嫌疑人408人中，帮助信息网络犯罪活动罪犯罪嫌疑人207人，掩饰、隐瞒犯罪所得、犯罪所得收益罪犯罪嫌疑人201人，扰乱无线电通讯管理秩序罪、侵犯公民个人信息罪、妨害信用卡管理罪以及诈骗罪和招摇撞骗罪等其他关联犯罪犯罪嫌疑人数均为0。这反映出帮助信息网络犯罪活动罪和掩饰、隐瞒犯罪所得、犯罪所得收益罪是黔西北地区电信网络诈骗关联犯罪治理的重点和难点，而其他关联犯罪在短期内治理压力不突出。

（二）作案方式特点

共同犯罪占相当比例。Z县人民检察院2022年1月至2024年6月受理审查批准逮捕的电信网络诈骗关联犯罪嫌疑人408人中，共同犯罪172人，占总数的比例为42.2%。同时发现，大部分共同犯罪嫌疑人之间在作案前存在亲戚、同乡、朋友等关系，因亲情、乡情、友情等勾结作案的现象普遍存在。

（三）主体分布

1. 初中以下文化程度人员为作案主要群体。2023年1月至2024年6月，Z县人民检察院受理批准逮捕电信网络诈骗犯罪关联犯罪嫌疑人318人①，受教育程度见表1。

---

① 因检察业务应用系统2.0于2023年上线运行，部分数据只统计2023年以来的数据。

表1　2023年1月至2024年6月受理批准逮捕
电信网络诈骗犯罪关联犯罪嫌疑人受教育程度情况

单位：人

受教育程度	帮助信息网络犯罪活动罪	掩饰、隐瞒犯罪所得、犯罪所得收益罪	合计
小学	22	25	47
初中	84	106	190
高中	16	9	25
中专	14	15	29
专科	4	13	17
本科	5	2	7
其他	2	1	3
合计	147	171	318

其中，初中以下文化程度人员占比74.5%。低学历人员涉案问题突出。

2. 作案主体以本地人员为主。Z县人民检察院2022年1月至2024年6月受理审查批准逮捕的电信网络诈骗关联犯罪嫌疑人408人中，本地人员作案人数398人，占总数的比例为97.5%。

3. 农村地区居民和农业户口人员作案问题突出。Z县人民检察院2022年1月至2024年6月受理审查批准逮捕的电信网络诈骗关联犯罪嫌疑人318人中，长期居住在农村地区或农业户口人员291人，占总数的比例为91.5%。

4. 无固定职业人员作案问题突出。Z县人民检察院2022年1月至2024年6月受理批准逮捕和受理审查起诉的电信网络诈骗关联犯罪嫌疑人784人中，未发现案发前有固定单位并按期领取报酬的人员。

5. 犯罪嫌疑人集中在劳动年龄人群，有向未成年人群体蔓延的趋势。Z县人民检察院2022年1月至2024年6月受理审查批准逮捕的电信网络诈骗关联犯罪嫌疑人408人中，年龄最大的52周岁，年龄最小的16周岁。根据国家统计局统计资料管理中心的划分标准，以15周岁至64周岁为劳动年龄人口。涉案的犯罪嫌疑人集中在16周岁至52周岁，反映出劳动年龄人员作案问题突出。同时，408人中作案时年龄不满18周岁的24人，占总数的比例为5.9%，反映出作案人群有向未成年人群体蔓延的趋势。

6. 性别比例存在较大差异性。Z县人民检察院2023年1月至2024年6月受理批准逮捕女性电信网络诈骗关联犯罪嫌疑人共18人，占同期受理批准逮捕电信网络诈骗关联犯罪嫌疑人总数318人的比例为5.66%，犯罪嫌疑人性别比例存在较大差异性，男性仍然是电信网络诈骗关联犯罪的重点治理人群。

7. 劣迹人员作案占相当比例。Z县人民检察院2022年1月至2024年6月受理审查批准逮捕的电信网络诈骗关联犯罪嫌疑人408人中，有曾受过刑事处罚、行政拘留、强制戒毒等违法行为前科的56人，占总数的比例为13.7%，反映出前科人员仍然是预防和打击电信网络诈骗关联犯罪的重点。

8. 作案人群有向学生群体蔓延的趋势。2023年1月至2024年6月，Z县人民检察院受理审查批准逮捕的电信网络诈骗关联犯罪嫌疑人318人中，在校学生犯罪嫌疑人7人，占比2.2%。其中高中在校生5人，中专在校生1人，本科在校生1人。

9. 发现部分党员涉案。Z县人民检察院2022年受理审查起诉的电信网络诈骗关联犯罪嫌疑人中，因犯帮助信息网络犯罪活动罪被判刑的党员3人，占当年帮助信息网络犯罪活动罪被判刑人数89人的3.4%，出现党员涉案的新情况。

（四）不批准逮捕和不起诉情况

1. 因事实不清、证据不足不批准逮捕率较高。Z 县人民检察院 2022 年 1 月至 2024 年 6 月受理审查批准逮捕的电信网络诈骗关联犯罪嫌疑人 408 人中，因事实不清、证据不足不批准逮捕的 79 人，占总数的比例为 19.36%。这反映出案件取证难，案件质量亟须提升的问题突出。一方面，由于电信网络诈骗关联犯罪往往层级多、链条长、涉案人员众多、案情较为复杂，客观上存在取证困难的情况。另一方面，受制于现阶段的反电信网络诈骗侦查力量薄弱的现状，侦查机关基于效率原则，实践中鲜有针对具体案件的全链条、全层级的侦破情况，往往是发现一人追究一人、查实一起追诉一起，案件中经常出现共同犯罪人另案处理的情况，导致部分案件证人证言、同案犯罪嫌疑人的供述和辩解等相关证据缺失，从而影响案件事实的认定。同时，因事实不清、证据不足不批准逮捕率较高的态势，也反映出侦查机关在侦查力量配置、队伍专业化、办案能力水平方面还存在较大的短板。

2. 不起诉措施适用情况：Z 县人民检察院 2022 年 1 月至 2024 年 6 月受理审查起诉的电信网络诈骗关联犯罪嫌疑人 376 人中，不起诉 41 人，占比 10.9%。不起诉情况见表 2。

表 2　2022 年 1 月至 2024 年 6 月电信网络诈骗关联犯罪嫌疑人不起诉情况

单位：人

罪名	附条件不起诉	情节轻微不起诉	刑事和解不起诉	合计
掩饰、隐瞒犯罪所得、犯罪所得收益罪	0	8	0	8
帮助信息网络犯罪活动罪	13	20	0	33

其中，附条件不起诉仅适用于在校学生和未成年人群体。

（五）具备法定情节的情况

1. 犯罪嫌疑人、被告人悔罪态度普遍较好。Z县人民检察院2022年1月至2024年6月受理审查起诉的电信网络诈骗关联犯罪嫌疑人376人中，具有自首或坦白情节的一共333人，占总数的比例为88.6%。犯罪嫌疑人的主观恶性程度普遍不高，悔罪态度普遍较好，初犯、偶犯、从犯占大多数。

2. 轻罪人员占绝大多数。Z县人民检察院2022年1月至2024年6月共收到电信网络诈骗关联犯罪被告人判决296人，被判处拘役的8人，判处有期徒刑的288人。刑期最短的3个月，最长的46个月，刑期在36个月以下的294人，占总数的比例为99.32%。刑期在36个月以上的2人，其中，39个月的1人、46个月的1人。

3. 已受追诉的主犯数量较少。Z县人民检察院2022年1月至2024年6月受理审查起诉的电信网络诈骗关联犯罪嫌疑人376人中，追诉主犯并判决的16人，占总数的比例为4.26%。由于电信网络诈骗关联犯罪往往层级多、链条长，高层级人员往往反侦查意识、规避意识等均较强，实践中追诉难度相对较高，导致在发案态势上主犯受追诉情况与总体发案态势不匹配。

4. 数罪并罚人员占相当比例。Z县人民检察院2022年1月至2024年6月收到的电信网络诈骗关联犯罪被告人判决296人中，数罪并罚的25人，占总数的比例为8.4%。其中，同时犯盗窃罪的20人（2022年19人），同时犯帮助信息网络犯罪活动罪和掩饰、隐瞒犯罪所得、犯罪所得收益罪的7人，犯罪偷越国、边境罪的2人，反映出部分人员主观恶性较大。

二、原因分析

（一）经济层面：经济发展不平衡、不充分仍然是主要原因

农村地区居民和农业户口人员、无固定职业人员和劳动年龄人员作案问题突出，这三个特点与Z县经济社会发展现状呈相关趋势。Z县农村居民就业和收入情况相对严峻，导致部分居民尤其是农村居民长期处于无固定职业、低收入的状态，个别人员会铤而走险，实施犯罪。

（二）教育层面：教育资源分布不均衡和受教育程度普遍较低是重要原因

教育资源相对匮乏，加上多年以来形成的城乡二元发展格局，农村地区教育资源长期以来存在较大的短板，造成农村地区居民和农业户籍人口普遍受教育程度偏低，部分心存侥幸的人员容易走偏门、踩红线。

（三）道德层面：守法意识和乡风文明需要持续加强

道德建设尤其是农村地区道德建设存在较大的短板和不足，效果还需要持续提升，守法、诚信、正义、责任与义务等道德观念尚未在全体社会成员中深入人心，部分社会成员还存在不劳而获、急功近利、投机取巧等消极思想，亟须引起重视并采取积极措施有效治理。

（四）司法层面：侦查取证较难、案件质量不高、专业化队伍建设滞后等难题仍然存在

受制于现有的人员编制状况，基层反电信网络诈骗犯罪侦查力量普遍不足。Z县电信网络诈骗及关联犯罪发案数占刑事案件发案

总数的比例超过1/3（比例为33.69%），但Z县公安机关反电信网络诈骗犯罪的专门侦查人员长期仅维持在10余人，侦查力量配比与发案态势不相匹配。电信网络诈骗关联犯罪取证较难、案件质量有待提升，侦查队伍专业化亟须加快。

（五）犯罪预防层面：一般性预防和特殊预防均存在不足

当前对电信网络诈骗关联犯罪治理仍然以事后救济为主，事前预防还存在较大短板。党员、在校学生涉案和男性作案高比例等态势，反映出特殊预防和专门性预防的针对性和效果还需要提升，“两卡”专项整治工作需要持续深化和改进。前科人员作案问题突出及数罪占相当比例等态势，反映对重点人群需要进一步加强预防。

三、基于实证的基层电信网络诈骗关联犯罪的治理建议

（一）全力夯实经济基础，推进经济转型调整

要把电信网络诈骗关联犯罪治理纳入基层经济发展和社会治理的大局来通盘考虑，针对农村地区居民和农村户籍人口涉罪问题严重和劳动年龄人口涉罪问题突出的现状，全面推进乡村振兴战略，着力做细做实脱贫攻坚和乡村振兴衔接的各项工作，创造更多的农村就业岗位，让农村地区劳动年龄人员在农村地区待得住、能就业，从而能发展、守法治。

（二）合理布局教育资源，强化劳动技能培训

一方面，在农村教育普及程度上再下苦功夫，教育教学资源进一步向基层、向农村地区倾斜，大力提升农村地区适龄人员受教育的程度。另一方面，要更大规模、更高质量地开展农村地区劳动年龄人口的劳动技能培训，赋予农村地区劳动年龄人口更多的生存技

能和发展本领，从教育的层面消除电信网络诈骗关联犯罪的可能性。

（三）着力培养守法意识，提升道德水平

一方面，更加主动地把反电信网络诈骗关联犯罪宣传融入当地全民守法宣教体系，通过发布典型案例、“三微一端”等，广泛宣传反电信网络诈骗关联犯罪有关知识。另一方面，持之以恒地推动乡风文明建设，打造新时代农村思想道德体系。

（四）持续强化司法工作，提升办案质效

一是加强对电信网络诈骗犯罪及电信网络诈骗关联犯罪的全层级、全链条打击，坚持做到查处团伙作案、集团犯罪不漏一人、不少一起。二是加强反电信网络诈骗关联犯罪专门侦查团队建设，根据发案态势合理匹配侦查力量。三是建立和完善公检法机关之间定期开展研判等机制，努力提高反电信网络诈骗犯罪司法能力和办案质效。四是省级以上有关部门要针对不批准逮捕率高等电信网络诈骗关联犯罪的特点和司法实践中的难题，尽快出台办案指引和证据标准等。

（五）综合运用全面预防和重点预防等措施

一是把电信网络诈骗关联犯罪发案情况纳入各级党委、政府反电信网络诈骗犯罪宣传绩效的考核范围，作为当地平安建设和法治建设的重要内容，不断提升一般性预防的社会效果。二是加强重点预防机制。针对男性人口涉案多，前科人员涉案、学生涉案、党员涉案等现状，开展有针对性的专项预防。三是净化网络和金融空间。持续开展“两卡”集中整治，落实用户实名制，强化对电话卡、银行卡、第三方支付账户、App 等的有效管理，充分发挥大数据、信息化在电信网络诈骗关联犯罪治理中的积极作用。

经验交流

JINGYAN JIAOLIU

检察业务管理的制约监督作用及其实现

赵　慧　窦云蔚*

目　次

* 赵慧，湖北省武汉市武昌区人民检察院党组书记、检察长，三级高级检察官；窦云蔚，湖北省武汉市武昌区人民检察院检察官助理。

党的二十届三中全会提出，要健全公正执法司法体制机制，“确保执法司法各环节全过程在有效制约监督下运行”。完善检察权运行制约监督，是健全公正执法司法体制机制的重要一环，是深入贯彻落实“高质效办好每一个案件”，让人民群众在每一个司法案件中感受到公平正义的必然要求。2024 年初，最高检印发的《关于加快推进新时代检察业务管理现代化的意见》（以下简称《意见》）指出，检察业务管理是强化对检察权运行制约监督，推动检察权公正、规范、高效、廉洁运行的重要保障机制。检察业务管理对检察权运行的制约监督作用体现在哪些方面？实现检察业务管理的制约监督作用应采取何种路径？本文首先阐释检察业务管理的主要内容及其重要意义，然后分析检察业务管理对检察权的监督制约作用，在此基础上，进一步讨论检察业务管理对检察权监督制约作用的实现路径。

一、检察业务管理的主要内容及重要意义

（一）检察业务管理的主要内容

《意见》指出，要着力构建一个全员参与、权责明晰、系统完备、规范高效的检察业务管理新格局，按照具体职责内容划分，可以分为业务指导体系、业务管控体系、业务评价体系和外部监督体系四个部分。业务指导体系包括个案指导、案例指导等内容；业务管控体系包括检察长和检察委员会对案件的管理、办案部门对案件的自我管理、案件管理部门对案件的流程管理等内容；业务评价体系包括案件质量检查评查、检察人员考核等内容；外部监督体系包括人民监督员工作、检察听证工作、案件信息公开工作等内容。

（二）检察业务管理的重要意义

第一，检察业务管理是更好履行法律监督职责的内在动力。检

察机关是宪法规定的法律监督机关，承担着保障国家法律统一正确实施的重要职责。通过理念引领、政策引导，检察业务管理起着牵引检察业务整体向前的作用，是更好履行法律监督职责的内在动力。将党的绝对领导融入检察业务管理，“从政治上着眼，从法治上着力”凸显政治统领，推动检察监督办案实现政治效果、法律效果、社会效果有机统一；在检察业务管理中引导检察人员转变履职办案的思维方式、优化履职办案的工作方式，推动把“三个善于”等检察工作理念融入检察办案全过程各环节；从简单数据管理转向更加注重业务管理、案件管理、质量管理，以科学评价引导树立正确政绩观，在检察履职办案中遵循司法规律，以高水平管理服务高质效办案。

第二，检察业务管理是进一步提升司法公信力的有效途径。一方面，检察业务管理能够有效提升个案办理质量。应勇检察长强调，“检察机关的主责主业是法律监督，履行职责的基本方式是办案。”① 检察机关的司法公信力，体现在每一个具体案件之中。检察业务微观管理重在用好流程监控和案件评查，发现和纠正具体办案中存在的问题，对提升个案办理质量，持续做实“高质效办好每一个案件”具有重要作用。另一方面，通过检察业务管理，能够切实提升司法规范化水平，及时发现检察监督办案突出问题，深化检察司法办案廉政风险防控，有力维护司法公正。“推进检察业务管理机制现代化是解决‘三不腐’的应然路径，特别是强化纵向与横向的内部监督制约管理等机制，才能最大化地减少司法办案活动中的职务违法空间。”②

第三，检察业务管理是全面准确落实司法责任制的重要抓手。

① 巩宸宇：《最高检调研组在海南调研》，载最高人民检察院网，https：//www. spp. gov. cn//tt/202408/t20240829_ 664631. shtml。

② 尹吉、王岑：《检察业务管理机制现代化研究》，载《人民检察》2024 年第 7 期。

从党的十八届三中全会部署司法责任制改革，到党的十九大报告提出“全面落实司法责任制”，再到党的二十大报告进一步强调，“深化司法体制综合配套改革，全面准确落实司法责任制，加快建设公正高效权威的社会主义司法制度，努力让人民群众在每一个司法案件中感受到公平正义”。司法责任制改革逐步深入，对于规范司法权力配置与运行的要求也逐渐深化。通过检察业务管理，对司法办案的职责、流程、标准等内容进行全方位监督，有利于促进司法资源配置优化，完善检察权监督管理，全面准确落实司法责任制。2024 年 7 月，最高检印发《关于人民检察院全面准确落实司法责任制的若干意见》，明确规定不同角色的管理职责和管理责任，并专章规定“完善检察权管理机制”，充分体现了加强检察业务管理在全面准确落实司法责任制中的重要地位。

二、检察业务管理对检察权的制约监督作用

和任何一种权力一样，检察权需要制约监督，因为权力一旦失去制约和监督，就可能滋生滥用与腐败。习近平总书记指出：“从查处的腐败案件看，权力不论大小，只要不受制约和监督，都可能被滥用。”[①] 特别是作为法律监督机关，检察权的运行关乎国家和社会公共利益，关乎法律正确实施，关乎社会公平正义，必须树牢“监督者更要自觉接受监督”理念，完善检察权制约监督。做好检察业务管理，能够对检察权进行全过程、管人与管案并行、内部与外部结合的监督。

（一）全过程监督

从检察权运行的阶段来看，检察业务管理既包含事前指导，也

① 中共中央纪律检查委员会、中共中央文献研究室编：《习近平关于党风廉政建设和反腐败斗争论述摘编》，中央文献出版社、中国方正出版社 2015 年版，第 128 页。

包含事中监管、事后评价。事前，围绕党和国家工作大局、检察工作全局制定检察业务工作的总体目标、工作思路等决策部署；以案例指导促进法律统一正确实施，以检察办案规范性指引和指导性意见促进统一司法认识、统一法律适用、统一办案标准。事中，实行常态化预警、提醒和定期通报督促，优化检察业务数据日常审核和检查督察，以实质化流程监控及时纠正办案程序的违规违法问题。事后，通过案件质量评查对具体案件进行精准评价，并将案件质量评查结果与检务督察司法责任追究相结合，推进全面准确落实司法责任制。检察业务管理贯穿检察权运行全过程，能够以全方位管理实现检察权运行事前、事中、事后的全过程监督制约，保障检察职能各环节有序运行。

（二）管案与管人并行的监督

一方面，检察业务管理通过对个案的过程管理、结果评判，对业务数据的分析研判等，以案件办理为基础抓管理，以案件管理为保障促办理，把案件管理与办理放到同等重要的位置，提升个案办理质效；同时，强调检察长、检察委员会、部门负责人、检察官等各类角色对检察业务管理职责，把检察业务管理与干部选拔任用、考核评价等相结合，促进检察业务管理与干部管理监督协调配合，实现管案与管人并行的监督。例如，在业务管控体系中，强化办案部门对案件的自我管理，办案部门负责人负责对检察官办理案件的法律适用、程序性事项、办案时限等内容进行审核，主办检察官负责办案组承办案件的组织、指挥、协调；在业务评价体系中，完善检察人员考核工作，统筹案件质量评查和检察人员考核机制，促进对“案”的评价和对“人”的考核同向发力、相互结合。

（三）内部与外部结合的监督

从管理主体来看，检察业务管理是由检察机关内部各个主体共同开展的，属于内部监督。同时，检察业务管理通过深化人民监督员、检察听证、案件信息公开等工作，自觉接受人民群众对检察办案的监督，对外部监督体系起到了健全完善作用，实现了对检察权内部监督和外部监督的有机结合。例如，通过开展检察听证，让普通民众以听证员的身份参与到检察办案活动中，打破检察办案活动相对封闭的状态，充分保障了人民群众对检察工作的知情权、参与权和监督权，同时对保障案件程序公正和实体公正都具有重要作用。近年来，通过检察业务管理，检察听证数量、覆盖范围、听证员库建设等均取得明显成效，成为深入践行全过程人民民主，主动接受外部监督的重要形式。“检察听证已经成为检察机关化解社会矛盾、提升办案质效、提升工作能力的重要抓手，在检察工作中越来越彰显制度优势和生命力。”①

三、检察业务管理的制约监督作用的实现路径

（一）以检察长和检察委员会宏观管理为统领，深化对“三个结构比”的分析运用

应勇检察长多次强调，要树立系统思维，深化对“三个结构比”的理解、认识和应用。“三个结构比”为检察业务管理提供了一个宏观、系统、长期的视角，有利于动态审视检察权运行情况。“‘三个结构比’打破了‘四大检察’业务边界，成为包含全量检察业务的宏观性判断，这是‘三个结构比’最让人眼前一亮的特

① 申国军：《案件管理实务精要十二讲》，中国检察出版社 2023 年版，第 282 页。

点，改变了以往对于检察业务评价的理解，提供了一个全新的‘大管理’方案。”① 检察业务宏观管理要紧紧围绕党和国家工作大局，以“三个结构比”为抓手，准确把握检察业务发展态势，明确检察履职核心要点，引领检察工作整体向前、全面协调发展。

“四大检察”履职结构比重点关注检察职能的全面协调充分发展，要把握“四大检察”案件总体态势，有针对性地做优强项、补齐弱项。检察机关的立身之本是法律监督，“四大检察”是检察机关履行法律监督职能的核心架构和体制基础，“四大检察”发展不平衡直接影响法律监督职能发挥的效果。“在‘四大检察’的履职实践中，民事、行政和公益诉讼与刑事检察之间明显的‘结构失衡’已成为检察机关法律监督职能作用发挥还不够充分问题的突出表现之一。”② 深化运用“四大检察”履职结构比，要切实围绕党和国家工作大局，从党中央决策部署中进一步找准履职切入点、着力点，紧紧围绕推进中国式现代化这个最大的政治，引领推动检察业务工作主动融入进一步全面深化改革进程；要从人民群众“急难愁盼”中进一步找准工作重点，推动“四大检察”全面协调充分发展，落实为人民司法；要强化检察一体履职理念，健全完善内部法律监督线索移送和办理等机制，通过内部融合履职形成法律监督合力。

依程序办案与依职权监督的案件结构比注重办案和监督的相互协调，要审视监督职责履行情况，提升检察履职整体效能。深化运用案件结构比，要正确认识监督和办案的关系，做实在办案中监督，在监督中办案；要敢于监督，牢牢把握宪法和人民检察院组织

① 涂龙科、吴真：《运用“三个结构比”，推动“四大检察”全面协调充分发展》，载《检察日报》2024 年 8 月 16 日第 3 版。

② 程雷、李俊明：《“四大检察”履职结构比的理论内涵与要求》，载《人民检察》2024 年第 17 期。

法对检察机关法律监督机关的职能定位，提升法律监督意识，主动在日常案件办理中关注不同类别案件可能涉及的监督线索，找准监督突破口；拓宽线索来源渠道，将发现法律监督线索贯穿案件受理、审查、结案各个环节。要善于监督，充分发挥一体履职机制优势，深化内部职能融合；运用多样化的法律监督形式，深度挖掘执法司法不规范问题；发挥案管部门枢纽作用，做实监督线索登记流转和跟踪督促工作，推进监督线索案件化办理，不断提升法律监督的能力和水平。

依程序移送、依申请受案与主动发现的案源结构比着重于发挥检察机关履职的主动性，提升检察权运行的整体效果，要精准拓宽法律监督线索渠道，与时俱进增强工作的主动性。“案源结构比中的三个部分分别解释了检察机关与其他机关衔接配合是否顺畅、人民群众对检察工作是否充分信赖以及检察履职是否主动。”① 深化运用案源结构比，要加强数字检察建设，拓宽监督渠道，依托大数据模型深入分析案件线索，提升主动发现案件的能力，深化行政执法与刑事司法衔接，推动信息共享平台建设，统筹“有质量的数量”和“有数量的质量”。要以人民满意为工作标尺，让人民群众在每一个案件中感受到公平正义，持续以检察履职倾听人民心声、回应人民期待，努力答好“让人民群众在每一个司法案件中感受到公平正义”的检察答卷。

（二）以办案部门自我管理为基础，落实案件办理与管理并重

首先，要在日常办案中融入管理理念，寓管理于办案。一要提高思想认识，形成管理和办案并重的理念。“案件是体现法律监督

① 王志坤：《案源结构比的理论阐释》，载《人民检察》2024 年第 17 期。

质效的检察产品，业务部门是案件的‘生产者’，办案检察官自我质量管理是第一责任。”[①] 作为办案人员，要充分认识到管理与办案息息相关，加强自我管理既是对案件质量负责，也是对自身发展负责，更是对工作大局负责，从思想层面真正看到管理、重视管理，提升管理的主动性、自觉性。二要明确管理重心，形成符合实际的管理方向。就管理内容而言，业务部门的自我管理应当偏重于案件实体研究是否符合条线工作要求，在对案件的把握之上，还应注重规范人员办案流程，提高人员办案认知，通过对人的管理实现对案件质效的把控。三要合理分配责任，形成相互监督促进的格局。部门负责人要对部门整体工作承担主要管理责任，员额检察官和检察辅助人员也要在职责范围内对本办案组或个人进行管理，形成人人自我管理、相互监督、共同进步的格局。

其次，要将管理和办案过程紧密结合，边办案边管理。一是梳理办案规范，形成管理要点。要根据各条线工作要求明确管理目标把握管理重心，将整体性的办案规范梳理成具体的管理要点，结合本部门工作实际分析问题和不足，形成清晰完备的管理方案，并在实践中不断优化和改进。二是结合办案流程，对应管理方案。根据《全国检察业务应用系统使用管理办法》第 23 条的规定，业务部门和案管部门均应设流程监管员，对网上业务办理活动履行监督管理职责，但实践中部分流程监管员对管理内容还不熟悉，作用发挥不到位。要将管理要点一一对应到办案流程，明确每个办案环节的要点和责任人，提高管理方案的可操作性，便于流程监管员熟练掌握监控管理的内容和方法。三是重视细节把控，优化管理效果。案件办理的成效很大一部分是通过案卡填录等细节性工作反映出来的，

① 顾雪飞：《以习近平法治思想为指导推进检察案件管理职能建设现代化》，载《人民检察》2023 年第 16 期。

案件审查中，也常常是一些细节问题决定案件走向甚至最终定性。忽视细节把控可能导致大量工作无法转换成实际成效、重复工作事倍功半，甚至案件实体错误，影响司法公信力。

最后，要把管理目标落脚到“高质效办好每一个案件”的基本价值追求，以管理促办案。一是关口前移，及早发现存在问题。通过案件办理初期的自我检视，尽早识别出案件实体方面的潜在隐患，避免问题扩大化，减少重复工作，提高管理效率和整体质效。二是深化协同，畅通合作交流机制。各业务部门之间、业务部门和案管部门之间要保持有效沟通，在互通管理中发现问题和提出解决方案，借助业务分析研判会议、办公会等形式，形成常态化交流，就各部门之间的分歧尽可能达成一致，提高发现和解决问题的效率。三是深入分析，提升案件审查能力。对于管理过程中发现的问题，不能停留在问题本身，要对照“三个善于”的实践要求，深入分析案件审查中的薄弱环节；要强化结果运用，对照问题对内部机制进行及时调整优化，对办案人员进行及时反馈培训，通过自我管理倒逼案件审查能力的提升。

（三）以案件管理部门专门管理为枢纽，实现检察业务数据、程序、实体监督

案件管理部门是检察业务工作的枢纽，这一职能定位意味着案管工作面临着更高的要求、更大的责任，要在推进检察业务工作中发挥主导作用。实现检察业务管理的内部监督作用，要以案件管理部门的专门管理为枢纽，充分履行监督管理和服务保障两项职责，“点线面”结合，实现对检察业务数据、程序和实体的有效监督。

第一，立足核心，聚焦业务数据监督“点”。应勇检察长强调，检察业务数据是检察业务工作发展的“晴雨表”，也是检察机关发

现问题、查找不足、改进工作的“体检表”。[①] 数据准确性是用好用足数据的前提。应用系统中的数据，除通过文书制作、流程节点等自动生成之外，大量数据是通过案卡信息反映的，案卡填录的规范性直接影响数据准确性。首先，注重及时核查，案卡数据内容庞杂且存在多项关联，如果不及时进行核查，一些小的疏漏可能随着时间推移累积，最终导致整体工作效果评价失真。其次，规范核查流程，充分利用自动化核查工具，及时定期跟进开展数据核查，迅速发现并纠正问题，从而保障数据质量。再次，注重全面性，持续改进和优化数据核查方法，逐步形成对数据的全面核查。最后，在保证数据真实、客观、准确的基础上，还要做好业务数据分析研判工作，突出大局重点，坚持问题导向，优化分析方法，掌握动态趋势，发现实际问题，为高质效履职办案提供更加科学全面的参考和依据。

第二，抓实办案，把握案件流程监控“线”。案件流程监控是案管部门的一项基础工作，目前实践中还存在数量偏少、问题偏浅、效果偏轻的问题，应从以下几个方面改进工作。一是依据规范，切实形成全线覆盖。流程监控是针对司法办案全过程的同步动态监督，不能局限于单个条线、单类案件、单个环节，要以最高检规范为依据，按照案件类别、办案节点和工作事项，切实形成对“四大检察”业务的流程监控全覆盖。二是深入实质，提升监控刚性效果。全覆盖不意味着对所有流程的细枝末节逐项监控，而是要突出重点，主要关注集中到可能影响案件实体效果的问题，真正形成有效监控。更不能为了提高监控案件数量，对“不痛不痒”的瑕疵问题进行批量监控，使流程监控成为浮于表面的“数据工程”，

① 巩宸宇：《最高检召开检委会（扩大）会议专题分析研判会商2024年上半年全国检察业务数据》，载最高人民检察院网，https：//www. spp. gov. cn//tt/202407/t20240712_660267. shtml。

要深入挖掘司法办案突出问题，增强刚性约束。三是形成机制，长效解决多发问题。要发挥制度管长远、管根本的作用，对常见多发问题深入分析问题根源，提出具体可操作的解决方案，并总结固定为制度推进执行。要将流程监控和责任追究结合起来，对于长期反复出现，推进解决困难的问题，要适当运用“第一种形态”，避免“一改了之，反复出现”，无效消耗流程监控资源。

第三，技术赋能，扩大案件质量评查“面”。案件质量是检察工作的生命线，案件质量评查是加强检察业务管理的重要手段。童建明副检察长强调，要通过个案自查、业务部门检查、案管部门评查、上级检察院抽查等方式对案件进行全面、常态化“质检”。[①] 仅依靠人工对全部案件逐案开展评查难以实现，要优化技术赋能，扩大案件质量评查“面”。在应用系统的开发应用上，通过丰富规则设置、优化规则结构，持续扩宽应用范围；进一步统一评查标准，提升信息化转换水平，通过更高密度应用推动程序自我学习；大力推动应用试点，扩大地域覆盖范围，在大量实践中形成优化反馈和训练迭代；打破不同地区、不同层级之间的数据壁垒，实现海量数据深度融合，切实提升信息化评查辅助有效性。同时，应结合人工评查，补足系统短板。智能化手段能够在一定程度上解决人工资源有限的困境，但也要充分认识到，案件质量评查是既涉及程序又涉及实体的综合评价，对于一些重大复杂案件，系统的综合评估可能是不够准确的。要在系统筛选的基础上，有针对性地对重点案件开展人工评查，通过规范的案件评查程序，综合考虑案件办理中的各种因素，提高案件评查结果权威性。2022 年以来，武汉市武昌区院作为最高检“每案必评”工作试点单位，研发“案件质量评查智能

① 徐日丹、蒋长顺：《童建明在湖北调研时强调　加强检察业务管理案件管理质量管理　推动做实“高质效办好每一个案件”》，载《检察日报》2024 年 10 月 21 日第 1 版。

辅助系统”，坚持智能评查和人工评查相结合，实现了程序评查“四大检察”案件全覆盖，以及对危险驾驶、盗窃等四类常见案件的实体评查。

（四）以相关部门协同管理为保障，形成高水平管理格局

检察业务管理是一个综合、系统的管理体系，不能靠案管部门或任何一个业务部门单打独斗。“《意见》中的业务管理是检察机关的‘大管理’，而不是案件管理部门的‘小管理’，这是《意见》最鲜明的特征。”① 必须充分发挥相关部门协同管理的保障作用，才能形成上下贯通、有效配合的高水平管理格局。

协同政工人事等部门，加强检察队伍建设。要深化党建引领，加强政治机关建设，始终把提高队伍政治能力建设放在首位，习近平总书记指出，在干部干好工作所需的各种能力中，政治能力是第一位的。要加强检察干警的政治历练和政治训练，推进党建和业务、政治与法治深度融合，以高质量党建引领高质效履职办案，让坚定拥护“两个确立”、坚决做到“两个维护”成为新时代检察机关的鲜明政治底色。要将专业能力建设作为立身之本，按照各个条线的工作特点和能力要求，加强检察人员“传帮带”，有针对性地开展专业能力培养，组织开展政策学习、案件研讨，切实提升检察人员政策把握、法律适用、证据审查等专业能力，打造全能型检察队伍；通过遴选交流、推荐任职等方式，优化人员结构，畅通流动渠道，盘活人才资源，激发保护不同年龄层干部的活力。

协同检务督察等部门，深化责任追究落实。常态化开展纪律作风建设，深化运用监督执纪“第一种形态”抓早抓小、防微杜渐，

① 申国军：《以业务管理现代化促进高质效办好每一个案件——科学理解最高人民检察院〈关于加快推进新时代检察业务管理现代化的意见〉》，载《人民检察》2024 年第 8 期。

秉持“严管就是厚爱”理念，压紧压实“两个责任”，以贯彻中央防止干预司法“三个规定”、政法干警“十个严禁”为抓手，增强检察办案廉洁性，为检察业务工作提供纪律作风保障。落实案件管理与检务督察工作衔接机制，将案件管理部门质量评查、流程监控等情况及时移送检务督察部门，强化监督刚性。认真贯彻落实最高检《关于人民检察院全面准确落实司法责任制的若干意见》，以“权力清单”为基础，厘清检察一体的整体责任与内部各层级和各办案单元的个体责任；明确部门负责人、员额检察官、检察辅助人员之间的权责关系，建立权责明晰、权责相当，公正、规范、高效、廉洁的检察权运行机制。坚持惩戒与保护并重，责任与处罚相适应，以司法责任落实倒逼检察办案质量提升。

协同法律政策研究等部门，提升工作整体成效。强化案例意识，积极学习上级院指导性案例，研究编写典型案例，落实检察委员会集体学习指导性案例制度，参照指导性案例、参考借鉴典型案例，统一规范检察官自由裁量权，有效避免“同案不同判”现象，切实提高司法水平和办案质量。着眼深层次社会治理，从个案监督中深度挖掘类案规律，增强社会治理检察建议的预见性和前瞻性，探索检察建议案件化办理，实现检察建议的长期辐射效应。强化检察宣传，推进文化润检、文化强检，讲好“习近平法治思想的检察实践”故事，提高检察新闻舆论传播力、引导力、影响力、公信力。

以“三个管理”助推“高质效办好每一个案件”

张海龙*

目　次

* 张海龙，安徽省砀山县人民检察院党组书记、检察长。

（四）以“队伍能力”为支撑，优化梯队，强化体系

最高检提出取消一切对各级检察机关特别是基层检察机关的不必要、不恰当、不合理考核，不再执行检察业务评价指标体系，不再设置各类通报值等评价指标，不再对各地业务数据进行排名通报；提出一体抓好检察业务管理、案件管理、质量管理，推动“高质效办好每一个案件”。各级检察机关，特别是基层检察机关应积极找准落实“三个管理”的具体要求和实现路径，进一步加强和改进检察业务管理、提升办案质效的举措，一体抓好“三个管理”，推动“高质效办好每一个案件”落到实处，支撑和保障检察工作高质量发展。

一、 提升认识，更新理念，一体抓好业务管理、案件管理、质量管理

（一）把握好“上与下”的关系，找准管理定位

《整治形式主义为基层减负若干规定》要求，考核应当化繁为简，压减考核指标，不层层加码，不得以通报排名的形式变相进行考核，把基层干部从繁复考核中解脱出来，把更多精力用到抓落实上。“一取消三不再”、一体抓好“三个管理”是最高检完整准确全面贯彻新发展理念，落实中央关于整治形式主义为基层减负决策部署、回应基层呼声的重要举措，是顺应检察工作发展、回应基层期待的重大决策。“一取消三不再”让基层检察院从繁冗的、脱离实际办案需求的数据中解脱出来，将更多精力聚焦于案件本身的办理质量与效果。“一取消三不再”不是不要管理、放松管理、放任躺平，而是要更加关注个案，要求每一个案件都做到高质效。比如，单纯追求办案数量而忽视案件复杂程度与社会影响的量化指标被摒

弃，使检察工作回归到司法公正的本质追求。这一理念的转变，深刻重塑了检察业务管理的价值取向，促使各级检察机关将目光更多地投向实实在在的办案成效、法律监督职能的有效履行，以及对社会公平正义的切实维护。“一取消三不再”涉及每一个检察院、每一名检察人员，有利于贯通“最初一公里”和“最后一公里”，有力推动检察管理现代化。

（二）把握好“分与合”的关系，深化管理内涵

“三个管理”既各有侧重、有机联系，又层层递进、相互贯通；既系统整体，又在基本定位、方向重点、主要抓手等方面各有侧重。三者在具体实施上目标一致、互为促进，各级检察机关要不断健全协同衔接机制，优化完善检察业务管理模式，推动建立“大管理”格局。

1. 业务管理是统领，是检察工作高质量发展的必然要求。业务管理侧重宏观方面的分析研判，应从“大管理”格局出发，以科学运用“四大检察”的履职结构比，依程序办案与依职权监督的案件结构比，依程序移送、依申请受案与主动发现的案源结构比为宏观导向，从全量视角立足“四大检察”全面协调充分发展，从“三个结构比”和管理质效等方面开展趋势性研判。

2. 案件管理是抓手，是实现检察管理科学化的必由之路。案件管理聚焦的是“案件”，侧重微观方面的规范把控，着力解决影响司法公正和制约司法能力的深层次问题，不仅应推进流程监控实质化，更应关注重点领域案件查找系统性深层次问题，推动落实司法责任制，促进“管案”与“管人”相结合。

3. 质量管理是核心，是“检察产品”的品质把控，是高质效检察履职办案的关键一环。将案件质量评查、流程监控、反向审视的方法，贯穿于业务管理和案件管理的全过程。

（三）把握好“知与行”的关系，强化管理运行

地方各级检察机关、各业务条线要结合检察职能，深入思考研究如何真正一体抓好业务管理、案件管理、质量管理，共同破题、解题、答题。在实际工作中，要更加坚定不移地将工作重心聚焦到业务管理层面上来，通过优化内部组织结构、细化职能分工、规范业务流程，构建起一套权责明晰、运行顺畅的业务管理体系，确保每一项检察业务都能在有序的轨道上高效推进；在案件管理方面，需加大力度完善案件受理、分流、办理、监督、评查等全流程全方位监管机制，充分运用现代信息技术手段，实现对案件的实时动态监控与精细化管理，及时发现并纠正案件办理过程中的偏差与瑕疵；在质量管理方面，要树立起全方位、多层次的质量把控理念，落实和完善司法责任制，深化外部监督，促使办案的程序更加规范、结果更加准确、效果更加优良，实现政治效果、法律效果与社会效果的统一，确保每一个司法案件都能经得起法律的检验、时间的考验以及人民群众的监督审视，努力让人民群众在每一个司法案件中感受到公平正义。

二、直面问题，破除症结，推动“高质效办好每一个案件”

（一）坚持谦抑审慎，变“数量至上”为“质量优先”

指标体系的管理方式已经完成了其阶段性历史使命，不能适应检察工作高质量发展的新要求，要摒弃唯指标、唯数据，消除工作“盯着数据看”、办案“围着数据转”，杜绝注水案、凑数案。需要从“业务数据分析研判”到“办案质效分析研判”进一步转变，从围绕指标数据调整为围绕办案质效，让检察工作回归高质效办案本

职本源。具体到实际工作中就是在流程监控、案件评查、数据质量监管等方面进行实质化、规范化、精细化的管理，形成常态化工作机制。

1. 流程监控做到实质化。做深做实流程监控工作，设立专职流程监控员，充分运用“数检通”与人工核查相结合的方式，逐案对在办案件进行案卡、文书核查。落实流程监控制度，定期面对面分析、沟通交流，形成流程监控合力。

2. 案件质量评查做到规范化。出台实施细则，进一步细化评查标准，坚持“评查 + 讲评”“总结 + 分享”的形式，将事后监督进一步向事前、事中延伸，形成良好的案件质量管控氛围和业务交流环境。构建科学严谨的评查体系，定期更新案件质量评查人才库成员，建立多元化评查机制，对重点案件实行“一案一查一反馈”。

3. 业务数据质量监管做到精细化。认真贯彻落实“数据准确是案管部门第一要务”的工作要求，构建常态化数据质量检查机制，对高频错误进行梳理分析，定期开展数据质量分析点评会，全面审视该时间段内案卡填录情况，提高相关人员数据质量管理意识，确保数据质量持续优化，从而更好地服务领导决策。

（二）坚持规范专业，变“宽泛模糊”为“精准服务”

“一取消三不再”是要优化、转变管理模式，致力于构建一张严密的网络，将检察工作的各个环节、各个层面都纳入其中，构建“纵向到底、横向到边”的“大管理”格局。

1. 案管部门坚持依法管理理念。建立案件流程监控、质量评查、业务数据监管有机结合的常态化工作模式。业务部门要发挥主观能动作用，积极履行诉讼监督职能，邀请模范检察官、优秀公诉人通过“讲评 + 指导”的方式，对案件质量评查、数据质量通报、出庭公诉效果等进行复盘，将反向审视工作延伸到“四大检察”，发现共性问题，一体推动类案治理。

2. 合力培育典型案例。成立典型案例培育小组，从不同角度对案件进行深入挖掘与精准打造，提炼具有创新性、可复制性的办案经验，引导检察人员加强类案分析，促进检察理论研究反哺案件质量提升。集中展示优秀案例，撰写高质量案例剖析材料，发挥示范引领作用。

3. 把牢案件“进出口”。强化案件统一受理、流转、结案审查等工作，加强案件“进出口”管理。形成管理闭环。优化轮案规则，严格执行“随机分案为主，指定分案为辅”的案件承办确定机制。进行涉案财物专项自查，进一步规范涉案财物管理。

（三）坚持多方联动，变“一方主导”为“齐抓共管”

探索构建以检察长和检察委员会宏观管理为统领、办案部门自我管理为基础、案件管理部门专门管理为枢纽、相关部门协同管理为保障的全方位、立体化检察业务管理组织体系。通过多方面齐抓共管、共同参与，从而形成全方位、多层次的管理，从一体宏观到个案微观的管理，实现更高效、更全面、更深入的管理效果。

1. 充分发挥一体宏观指导管理作用。强化检察长、检察委员会对检察业务的宏观管理指导和业务管控，对于重点领域、重点类型、重点问题，既在业务上进行个案指导，又加强对案件的审核管理。充分发挥检察官联席会议对专业见解和办案经验的深入交流作用，以及检察委员会从更高层面、更宏观视角对重大疑难复杂案件的综合考量和集体把关作用，从而确保案件办理的准确性、公正性与合法性，有力维护司法权威与公信力，推动检察工作高质量开展。

2. 案管部门发挥个案微观管理作用。加强与其他部门的沟通协调。对于相对复杂的案件在受理阶段与业务部门交流，确实符合受理条件的予以受理并及时分配至相关部门人员。强化与各部门间信息通报、数据共享、协作沟通等机制，向业务部门提供“跟踪式”案管服务，助力各条线紧密结合业务质效变化，补齐短板弱项、保持优势亮点。

（四）坚持借力聚力，变“被动接受”为“主动融合”

1. 持续推进人民监督员工作。全力推动人民监督员“十种参与监督方式”，深化人民监督员监督检察办案的精度、维度、深度，监督范围从刑事检察延伸到民事、行政、公益诉讼检察，全面审视，形成全方位监督体系。对人民监督员监督意见的采纳情况及时反馈和解释说明，优化监督意见反馈机制，促进人民监督员实质性监督，为检察权运行“加把锁”。

2. 统筹做好检察听证工作。贯彻落实《人民检察院听证员库建设管理指导意见》《检察听证工作业务流程、案卡项目、工作文书与统计报表使用指引（2024 年版）》，与业务部门协作配合，规范听证流程，做到“需听证尽听证”。开展实务培训，让听证员和检察人员在培训研学中提升履职能力。加强对听证案件依据案件性质、复杂程度、社会影响等进行分类管理，实现高效精准管理。

3. 创新深化检务公开方式。定期举办检察开放日，搭建起外界与检察工作面对面交流的桥梁，让公众可实地感受并提出意见建议；发布主要检察业务数据，让公众直观了解检察工作的规模与成效，便于社会监督资源分配与任务完成情况；发布典型案例，让社会依据具体事例评判执法尺度与公正性，督促依法办案；发布检察业务工作动态，及时通报检察工作走向，及时发现异常，全方位地将检察工作置于公众视野之下，增强外部监督的力度与广度，有效防止权力滥用，促使检察工作在透明、规范的轨道上运行。让检察听证、人民监督员和检务公开等制度发挥案件质效外部监督作用。

4. 充分保障律师执业权利。为保障律师执业权利，方便律师调阅电子卷宗，在案件受理后，及时规范制作电子卷宗，确保电子卷宗完整、清晰、准确，方便律师查阅；每日定时登录 12309 中国检察网，在收到律师互联网阅卷申请后，对于符合阅卷要求的，在三日内完成律师互联网阅卷申请的办理和答复；对于线下提出符合律师阅卷要求的，及时刻录光盘，高效完成律师阅卷申请。

三、明晰路径，稳中求进，持续放大“三个管理”效能

（一）以“服务保障”为核心，夯实基础，提高质效

加强对最高检党组提出的“三个善于”等新理念新要求的理解运用，积极探索以落实和完善司法责任制为主线，以案件质量检查评查和司法责任制追究惩戒为抓手的“三个管理”新模式，构建“三个管理”相互贯通、衔接的工作机制，及时常态、严格规范、精准到位追究司法责任，推动检察管理提质增效。基层检察机关要结合当地实际，传达最高检“一取消三不再”、一体抓好“三个管理”的新要求，引导全体检察人员树立正确的政绩观，进一步聚焦法律监督主责主业，制定符合本地实际、操作性强的检察管理规范，为检察管理提供基础支撑。以府检联动为载体，帮助企业排查内部法律隐患，帮助群众解决关心的食品安全、环境卫生等问题，依法一体履职、综合履职，努力为大局服务、为人民司法、为法治担当。

（二）以“数字化管理”为保障，强化统筹，注重高效

升级完善智慧案管系统，进一步提升案件智能化管理水平。比如，在案件质量评查过程中发现的问题，可以借助数字化手段深入

分析类案特征，既有助于个案精准处理，还为后续类案处理提供参考。建立相关案件管理模型，实时监测案卡信息填录的准确性和规范性，避免人为疏忽造成的数据和质效失真。探索建立法律适用一键校验，构建全面精准的法律数据库，通过数字化的分析比对，确保引用法律条文的准确性、规范性，提升司法效率。通过分析研判提前发出问题预警，预测某类案件高发趋势，提升案件办理与智慧监管的融合度，为检察业务管理提质增效。

（三）以“司法责任制”为根本，筑牢防线，压实责任

积极探索“案件管理＋检务督察＋政工人事”协作配合机制，从严从实加强内部监督管理，把责任落实、责任认定、责任追究与业务管理、案件管理、质量管理紧密结合起来，围绕检察履职事前、事中、事后三个环节，健全完善对检察监督办案各环节全方位的闭环管理和有效监督。健全司法责任认定和追究机制，实质性开展追责惩戒工作，成立由人大代表、政协委员、法学专家、律师、法官、检察官组成的惩戒委员会。严格执行防止干预司法“三个规定”，确保检察人员能够独立行使职权，倒逼和促进高质效办好每一个案件、每一个环节，更好地实现内部监督赋能检察管理，保证检察权在法治的轨道上稳步前行，更好地维护社会公平正义和法治秩序。牢固树立精品意识，以“三个善于”做实案件办理的程序实体、效率效果，以反向审视倒逼办案流程标准化、规范化，促进执法司法制约监督机制和检察权运行监督机制不断健全。

（四）以“队伍能力”为支撑，优化梯队，强化体系

检察机关应该将保障人民群众的合法权益、维护社会的公平正义作为工作核心目标。检察人员要树立和践行正确的政绩观，在一体强化检察人员的政治素质、业务素能、职业道德素养中切实提升

检察业务管理素能，保持检察工作平稳健康发展。各级检察机关要加强政治与业务融合培训，健全常态化培训特别是基本培训机制，制定检察人才培养计划，建立人才梯次培养机制，以培育精品案件、典型案例、优秀法律文书等为目标，立足法治宣讲、业务竞赛等进行岗位练兵，针对不同业务领域进行分层次分阶段培训。通过岗位轮换、参与重大案件办理等方式，丰富办案经验，提升业务能力。推动检察人员善于从纷繁复杂的法律事实中准确把握实质法律关系，善于从具体法律条文中深刻领悟法治精神，善于在法理情的有机统一中实现公平正义。进一步引领检察人员不断提升综合履职能力，为守护社会公平底线和法律秩序发挥重要作用。

抓严抓实“三个管理”
推动“高质效办好每一个案件”

张晟榕　张天佑*

目　次

* 张晟榕，青海省西宁市湟源县人民检察院党组书记、检察长；张天佑，青海省西宁市人民检察院法律政策研究室副主任。

（三）聚焦办案质量自觉延伸自省

2024 年 10 月，最高检先后召开检委会会议和党组会，明确提出“一取消三不再”，一体抓实业务管理、案件管理与质量管理。“三个管理”坚持全面管理与重点管理相统一、宏观管理与微观管理相统一、内部管理与外部监督相统一，引导各级检察机关与广大检察人员树立、践行正确价值观，进一步聚焦法律监督主责主业，把精力集中于高质效办好每一个案件及其每一个环节上。在检察管理现代化转型背景下，湟源县检察院以“三个管理”为指导，全体检察人员对标新时代检察工作的新要求，切实转变执法司法理念，自觉提升法律监督能力，将“高质效办好每一个案件”的基本价值追求落到实处，为深入推进以“三个管理”为导向的检察管理现代化转型提供青海经验与方案。

一、在检察履职中抓严抓实“三个管理”

“三个管理”是保障检察工作规范运行、提升工作质效的工作方法，为基层检察实践指明工作方向。业务管理通过制定工作规划、业务指导意见等，明确检察各项业务的重点和方向，为检察人员办好案、如何办案提供方向指引；案件管理通过实时监控案件办理进度、程序合法性等，及时发现问题并督促整改，其流程监控机制确保检察官依法履职，也为检察人员依法办案提供流程保障；质量管理通过定期、专项等综合评查案件方式，对评查中发现的问题深刻剖析问题产生原因，有针对性地提出整改措施，以严的标准保障案件经得起检验，提升检察工作整体质效。

（一）依法在职权范围内延伸监督

坚持敢于监督、善于监督，着力在拓宽监督渠道、改进监督方式、增强监督刚性、提升监督质效上下功夫，全面提升侦查活动监督水平。充分发挥侦查监督协作配合办公室的作用，对应当立案而不立案、不应当立案而立案等问题依法监督。对于重罪轻判、量刑畸轻、滥用缓刑等问题，发挥诉讼监督职能，以提升刑事抗诉质量为抓手，综合运用纠正违法、检察建议，不断提升审判监督实效。完善落实提前介入引导侦查机制，在侦查机关商请检察机关提前介入引导侦查时选派政治素质高、业务能力强、有丰富实践经验的人员及时提前介入，以起诉和审判的标准指导侦查机关确定侦查方向、依法及时全面收集证据、客观认定案件事实，有效提前介入引导侦查。聚焦社会治理的难点堵点，以社会治理类检察建议推动法律监督由个案监督向类案监督拓展。严格落实人民监督员和听证制度，充分发挥联系点示范引领作用，积极引导、推动、激励业务部门及检察官主动邀请人民监督员对检察办案活动进行监督的自觉意识和习惯，切实保证监督实效，努力打造工作品牌效应，推动人民监督员和检察听证工作高质量发展。比如，针对县域内存在的部分盲道建设管理、电梯安全隐患、奶茶店违规经营、农贸商超“生鲜灯”等危害群众生命安全的问题，召开听证会，现场向负有监管职责的行政单位宣告送达社会治理类检察建议，督促落实主体责任，维护公共利益。加强历史文化遗产司法保护工作，通过“案件办理＋公开听证＋宣告送达＋检察建议”工作模式，推动行政机关履行历史文化遗产保护主体责任，有效维护国家利益。

（二）立足为民司法主动守护民生

充分发挥检察职能作用，积极参与危害食品药品安全、影响生态环境、破坏网络安全等重点问题治理，进一步深化“助企暖企”帮扶工作，持续优化营商环境，用心用情用力帮助企业纾困解难。坚持以人民为中心，进一步在刑事案件办理中加强民事、行政、公益诉讼检察的综合履职，督促相关职能部门联合堵塞监管漏洞。从依法审结向案结事了转变，积极适用认罪认罚从宽制度、开展刑事和解、推进公开听证、移送司法救助案件线索，充分发挥矛盾纠纷多元化解工作机制作用，促进矛盾纠纷化解。比如，在办理张某香、张某栋、田某兰涉嫌非法侵入住宅案中，承办人了解到本案案发的根本原因在于双方当事人存在合法债务纠纷，遂前往县法院了解沟通相关民事案件办理情况，把握办案“症结”所在，对症下药开展调解工作，更大限度化解矛盾，实现案结事了人和，达到检察办案政治效果、法律效果、社会效果有机统一。鉴于本案犯罪情节轻微、主观恶性不大、当事人认罪态度良好，本院依法落实“宽”的政策，充分发挥认罪认罚从宽制度作用，对三人作出相对不起诉决定。同时，优化行刑反向衔接渠道，通过制发检察意见书的形式建议公安机关对三人进行行政处罚，并进一步同公安机关统一同类案件办案标准，推进侦查监督与协作配合机制实质化运行。

（三）着眼办案质量自觉提升能力

加强业务学习，丰富办案人员业务知识，不断补齐短板，提升办案人员证据审查、引导取证、庭审指控、文书制作等能力。认真开展案件质量评查，重点评查证据审查、事实认定、法律适用、释法说理，以及办案效果等方面的问题，对撤回起诉、判决无罪、抗诉未采纳、捕后不诉的案件逐案剖析原因，找准症结，制定改进措施，引领办案质效提升。制定《开展案件质量评查工作实施方案》，成立评查人才库，进一步加强对检察办案的监督管理。落实司法责任追究机制，进一步规范违反检察办案职责问题线索的移送制度和追责程序，更好实现从“案”到“人”的监督衔接。坚持严管与厚爱并重，准确适用容错机制和责任豁免情形，在依法严肃追责的同时，保护检察人员依法履职的积极性。认真落实中央八项规定精神，深入纠治“四风”问题，梳理排查工作风险点，持续落实“三个规定”，常态化开展警示教育，切实防控办案风险，强化司法办案责任制，确保法律监督履职到位。比如，常态化开展案件质量抽查与评查工作，对2023年度已办结的一审公诉类、审查逮捕类、公益诉讼类、民事行政监督类、国家司法救助类及刑事申诉类案件，通过办案系统随机分给全院在岗的员额检察官，通过评查发现并解决工作中存在的问题，进一步健全监督制约机制，促进办案质量提高。

二、推动落实“三个管理”遇到的问题和困难

（一）学习不够，履职能力有待提高

主要体现为对“三个管理”的认识还不够深刻。比如，部分检察人员对“三个管理”的内容虽然有所了解，但对其内涵、本质、要求等理解不深，把握不透，对如何在工作中有效融入“三个管理”的思考不多。未能及时更新知识库和法律认识，未能与时俱进地了解司法改革背景下的犯罪结构变化，对司法规范化的重要性在思想认识上存在偏差。个别干警法律基本功亟待提高，未严格按照现行法律法规办案，以“习惯”和“经验”作为执法办案的标准。强本领、提素能的氛围不浓厚，岗位业务培训机会少，学习培训不够。

（二）一体化履职不够，业务管理能力有待提升

业务部门内部衔接还需进一步磨合，一体化履职还需进一步加强，案管主动与办案部门在加强工作衔接、磨合理顺工作关系方面还存在不足。比如，在办案中发现问题线索的能力不够强。未能将“检察一体化”与内部线索摸排、移送结合起来，一体推动还没有

形成工作合力。内部法律监督线索移送上，主动发现线索能力不强，对业务部门移送的线索实质审查不够，延伸履职后续跟踪力度不强，未切实做好“后半篇文章”。

（三）管理和服务不够，业务能力有待提升

运用多种方式服务群众的范围不广。比如，通过在公益诉讼检察、司法救助、未成年人检察等工作中拓展监督渠道，主动延伸服务的意识不强，延伸服务的范围不广。案管部门干警业务能力未能及时适应司法改革需要，在业务分析方面未能形成高质量的分析报告。在细化会商参与流程、监督落实“商”后意见、完善业务质效发布与解读等分析研判会商机制，促进检察业务治理，实现分析研判“治”的目标方面工作力度明显不足，质效不高。

（四）案件办理领域不均衡

民事检察监督、行政检察监督、公益诉讼检察工作发展不平衡，存在顾此失彼情况；办案人员极度缺失；人员综合素质有待进一步提升；对工作宣传力度不够，民事检察监督、行政检察监督、公益诉讼检察工作社会认知度不高。生态环境和资源保护等传统领域办案量占比较高，涉及个人信息保护、妇女权益保护、反电信诈骗、反垄断等新领域延伸保护深度不够，办理案件数量不多，对发现问题、排查案件线索能力不足，工作开展效果不明显。

三、抓严抓实“三个管理”推动“高质效办好每一个案件”的举措

（一）聚焦主责主业全面延伸监督

1. 完善检察办案“三个管理”相关工作机制。针对不同条线、

不同部门，进一步细化明确任务分工，规范和细化工作流程，提高“三个管理”在日常办案监督中的可操作性。逐步建立“三个管理”落实激励保障配套制度，切实推动“三个管理”工作要求融入检察官办案全过程、各方面。

2. 充分发挥侦查监督协作配合办公室的作用。对应当立案而不立案、不应当立案而立案等问题依法监督。对于重罪轻判、量刑畸轻、滥用缓刑等问题，发挥诉讼监督职能，以提升刑事抗诉质量为抓手，综合运用纠正违法、检察建议，提升审判监督实效。

3. 完善落实提前介入引导侦查机制。切实发挥侦查监督与协作配合机制作用，自上而下完善侦监会商机制与协作机制，并通过业务培训等方式提高证据标准、法律适用共识，统一司法理念和办案标准，量化社会危险性评估标准，提升案件侦办质效。

4. 强化行政执法与刑事司法衔接。加强与人民银行、税务局、市场监督管理局等行政机关的沟通协作，探索完善金融领域执法司法线索通报、信息共享、证据移送、案件协调、专业支持等协作机制。建立健全与行政执法机关的行刑双向衔接工作机制，监督行政执法机关及时移送涉嫌犯罪案件，对不起诉案件需予以行政处罚的，通过行刑反向衔接机制将线索推送给行政执法机关。

5. 打通未成年人综合履职案件办理壁垒。对履职办案中发现其他辖区存在的综合履职线索通过赋予办案权限进行办理，深化融合履职，加大未成年人刑事、民事、行政、公益诉讼“四大检察”办案力度，牢固树立一体履职、综合履职意识。提升案件质量评查的智能化水平，检察业务应用系统 2.0 中目前配置的案件质量评查模块虽然内置有“常规抽查通用模板”，但对于案件程序性问题无法做到自动筛查。在交叉评查和提级评查工作中，对评查中发现的普遍性、倾向性问题，由业务条线开展讲评培训，进一步发挥案件质量评查的事后评价功能。

6. 完善机制建设，形成办案合力。认真落实与行政机关建立的各类工作机制，切实将机制转化为办案成效，努力办理一批具有特色的精品案件。持续加强内部协作机制，强化线索移送，积极从涉及食品药品、个人信息等易发生公益损害的刑事案件中寻找案件线索，积极改善刑事附带民事公益诉讼不足的问题。

7. 开展检察建议文书评比活动。发挥好检察建议在维护国家利益和社会公共利益、预防违法犯罪、服务保障民生、推进社会治理创新等方面的重要作用，强化检察建议书的说理论证，增强可操作性，加强对检察建议书落实情况的跟踪监督，加大案件“回头看”力度，重点解决监督对象认识不到位的问题，切实增强行政机关接受公益诉讼监督的意识，对纸面整改、虚假整改和整改不到位的跟进督促，符合起诉条件的予以起诉，进一步推动公益诉讼检察工作落到实处、起到作用。

（二）聚焦检察为民主动延伸服务

1. 强化实践历练，提升服务群众能力。将“三个管理”中的案件质量评查、业务数据分析等工作结合起来，激励检察官养成在办理每一个案件时主动践行“三个管理”工作要求的政治自觉、思想自觉和行为自觉，推动“高质效办好每一个案件”落在实处。

2. 充分发挥检察职能作用。积极参与危害食品药品安全、影响生态环境、破坏网络安全等重点问题治理。坚持以人民为中心的司法理念，进一步深化助企暖企帮扶工作，持续优化营商环境，用心用情用力帮助企业纾困解难。

3. 加强未成年人案件办理中民事、行政、公益诉讼检察的综合履职，督促相关职能部门联合堵塞监管漏洞，为未成年人成长之路保驾护航；延伸监督触角，结合办案深入分析、研判社区等单位落实履行强制报告义务情况，对未履行强制报告义务的单位依法制发检察建议；完善未成年人保护社会支持体系，将精准帮教、心理服务、家庭教育融入社会治理，合力推动“六大保护”得到落实。

4. 做优数字检察。树立数字检察思维，强化数字赋能检察监督，运用数字思维拓展线索来源，提升办案质效，注重拓展领域，加大已建成的大数据法律监督模型在办案中的应用。加强检察干警监督能力，通过一体综合履职，利用侦查监督协作办公室、“公益随手拍”“未成年人防欺凌微信小程序”等多平台，充分挖掘监督线索，实现监督线索来源多元化。

5. 加大典型案例培育力度。将“案例”意识深植于办案全流程，把有关注度和与民生关系密切的案件办理好、解决好，切实做到既能办案，又会总结提炼，将政治效果、法律效果和社会效果明显的案件及时提炼成精品案件，多举措做好检察宣传工作。

（三）聚焦办案质量自觉延伸自省

1. 加强理论学习，增强学思践悟“三个管理”的政治自觉、思想自觉和行动自觉。将最高检关于“三个管理”和“高质效办好每一个案件”要求纳入理论学习、教育培训必修内容，深化学思践悟，教育引导检察人员深刻理解“三个管理”的重要意义，提升践行“三个管理”要求的政治自觉、思想自觉和行动自觉。加强业务学习，丰富办案人员业务知识，不断补齐短板，提升办案人员证据审查、引导取证、庭审指控、文书制作等能力，助力高质效办好每一个案件。

2. 认真开展案件质量评查，做到真评严评。重点评查证据审查、事实认定、法律适用、释法说理，以及办案效果等方面的问题，特别对撤回起诉、判决无罪、抗诉未采纳、捕后不诉的案件逐案剖析原因，找准症结，制定改进措施，引领办案质效提升。深入做好案件流程管理、案件质量评查、内部监管等工作，统筹好“有数量的质量”和“有质量的数量”的监督，切实提升检察案件管理科学化水平。

3. 充分发挥案管职能，对各项业务进行整合，提高案管人员业务水平和能力。在检察业务质效分析研判中加强职能融合，坚持数据监管与流程监控相融合、分析研判与质量评查相融合。引入类案监督方法，以个案为线索，通过检察业务质效分析研判手段清查类案，由个案监督扩展到类案监督，作出专题分析研判报告。如引入检察公开听证，在会商意见部署与反馈环节引入检察公开听证。探索建设数字案管，用检察业务质效分析研判对案件管理业务重新整合，实现“1+1>2”的叠加效果。落实落细司法责任追究机制，规范违反检察办案职责问题线索的移送制度和追责程序，更好实现从“案”到“人”的监督衔接。坚持严管与厚爱并重，准确适用容错机制和责任豁免情形，在依法严肃追责的同时，保护检察人员依法履职的积极性。

检察文苑

JIANCHA WENYUAN

参与全国检察机关办案质效分析研判实践心得体会

潘　奕*

如果说，生命是由一段一段经历组成，那么2024年的冬月是其中最值得纪念的经历。

2024年7月，第一次来到最高检，我的心情非常激动，有一种朝圣的崇敬感。2024年12月，我再次来到这里，再次见到熟悉的领导和同事们，心里感觉热乎乎的。能够有机会参加2024年度全国检察机关办案质效分析研判工作，同时参与聆听最高检检委会审议，于我而言，既是对工作的肯定，更是一次宝贵的学习机会。

在这一个月零两天的日子里，我与办领导、处领导以及同事们一起开动员会、写稿子、推稿子、改稿子，一同参加支部学习、活动，感到充实且快乐。我个人学到了很多，感悟了很多，其中于我收获最大的，就是提升了文字功底、学到了具体可操作的方法。"稿子是改出来的""逸马杀犬于道""正写反收""写讲话要注意四个度""师傅带徒弟，大师兄带小师弟""不藏私"等，这些凝练的词句，在我回省工作后时常在脑海中浮现，我也不断努力咀嚼其中的营养并且把这些方法代入工作中。

* 潘奕，江西省人民检察院案件管理部二级检察官助理。

33 天转瞬即逝，北京的冬天并不像想象中那么冷，最高检的领导和同事们比想象中也更加温暖。带着不舍和感恩，我满载着领导的关心和学习体会回到江西，将见闻和知识向省院的同事做好传达，希望能让在京学习的成果发挥更多光和热。

离京前的数晚在宾馆难以入睡，写了一些简单的文字，希望能够将心中的感受做一个简单的小结：

离开家，去往一个远方。
在这个习惯到一度忘记倒计时的地方，
以为这样的生活会继续下去。
当临别时刻来临，才发现日子如此短暂。
回望这段日子，
从陌生到熟悉，总少不了院中偶尔出现的乌啼。
真是段让人难忘的回忆啊！
我们虽然来自各地，但在这里都是回家。
明天起，我们将再次离家，
回到祖国各地，
把这里的见闻和知识，
精神和理念带回去。
我们是一粒粒种子，
也希望成为一座座桥梁。
期待下次再见，
如果有机会，希望再来学习工作，
更希望各位领导和同事们能够常来指导交流，
红色江西欢迎您！

2025 年 2 月 10 日

全国检察机关案件管理业务能手
张定一的一天

刘颖魁　张定一[*]

提起检察院，大家可能对“四大检察”更为熟悉，但是对案件管理部门，可能会“一脸懵”。其实，在检察院内部的案件管理部门，是“业务管理”的关键枢纽，它可是检察院的“大管家”，担任着非常重要的角色。案管部门是专门负责案件管理的综合性业务部门，统一负责案件的受理与流转、流程监控、业务数据分析、辩护人与代理接待等工作，看起来繁杂又琐碎，但却对办案质效起着至关重要的作用。

作为检察办案工作的端口，案管的检察人员平时是怎么工作的？一线检察官又是如何办案的？跟着镜头一起走进河南省郑州市检察机关，近距离感受全国检察机关案件管理业务能手张定一的一天吧！

数据审核，认真负责

上午8点，像往常一样，张定一上班的第一件事是打开电脑，熟练地登录检察机关检察业务应用系统，对前一天办案检察官填

* 刘颖魁，河南省郑州市人民检察院案件管理办公室主任；张定一，河南省郑州市新密市人民检察院综合业务部副主任。

录、修正的案卡进行仔细审核。

“数据审核可不能马虎，它可是咱们检察业务数据质量的‘守门人’。”在审核过程中，张定一发现了一份填录不规范的案卡。这份案卡来自一起盗窃案，犯罪嫌疑人是一名多次作案的惯犯。然而，案卡中“犯罪嫌疑人前科情况”一栏却空空如也。张定一立即与承办检察官取得了联系，经过沟通，承办检察官立即补充了相关信息。

数据的准确性不仅关乎案件办理的质量，更是检察工作决策的重要依据。每一个数字背后，都代表着一个个鲜活的案件，一个个需要公平正义的灵魂。

案件受理，严把入口

上午 10 点，案管大厅迎来了前来移送审查起诉案件的公安机关。案件受理是案管大厅的一项重要职能，这不是简单的收发，案管人员还要对案件是否属于本院管辖、法律文书是否齐备、卷宗装订是否规范等内容进行审查，确认符合受理条件后，才将案件录入检察业务应用系统，逐一填录受案案卡、制作电子卷宗，最后通过轮案分配确定承办检察官。

这是一起故意伤害案，张定一在审查过程中发现，卷宗的封面信息填写不规范，导致无法准确判断该案件的类型和性质。他迅速与送案人员取得联系，顺利完成了受理工作。

流程监控，规范办案

流程监控工作通过对实现以案件办理的法定期限为重点的动态监督，以程序规范促进实体公正。中午 1 点，张定一开始了他的另一项重要工作——流程监控。有着多年办案经验的他，要对各类案件进行全面筛查，确保能够及时发现办案人员在案件办理过程中出现的大大小小的问题，再通过口头提醒和制发流程监控通知书的方式提醒办案人员进行整改，确保问题整改到位。

案件质量评查，细致入微

下午3点，根据前期下发的案件质量评查通知，张定一通过评查系统确认后，对抽选的已办结案件开始了评查。在评查一起交通事故案件时，张定一发现，有一份证据的提取程序存在细微的瑕疵。这是一份现场监控录像，但是录像的提取时间、地点和方式在案卷中并没有详细记录，仅有一张模糊的提取清单，没有提取人员的签名和具体的提取过程描述。这样的瑕疵虽然不影响最终判决，但却可能影响司法公正的形象和公信力。

张定一毫不犹豫地指出了这个问题，并要求办案人员进行补充和完善。办案人员随即对这份证据的提取程序进行了详细的补充说明，并提供了相关的证明材料。案件质量评查如同办案，要拿着法律的放大镜，对案件的每一个细节进行仔细审查。这不仅是对案件质量的简单把关，更是对司法公正的一种坚守和捍卫。

案件信息公开，透明司法

下午5点，一天的工作即将结束，但案管部门还有一项重要的工作需要完成——案件信息公开。张定一梳理了检察业务应用系统内的信息公开情况，登录了12309中国检察网，对当天的案件程序性信息进行了公开。

在结束案件信息公开工作的时候，一位姓何的律师急匆匆地赶到案管大厅，焦急地对张定一说："我有一个案子本来该阅卷了，但前期在外地出差没及时赶回来，这要是耽误了就麻烦了……能不能帮我处理一下？"在了解了事情原委后，张定一对何律师进行耐心劝导，并对何律师的身份信息和"三证"材料进行了审核，发现委托代理手续不全，需补充相关材料。考虑到何律师的诉讼成本，张定一在确定该案件符合互联网阅卷的条件下，告知何律师在完善委托手续后可通过 12309 系统申请互联网阅卷，领取电子卷宗，并耐心讲解互联网阅卷的操作流程并留下了联系方式。

这就是案管人张定一的一天，琐碎又繁杂，忙碌而充实，平凡而伟大。当然，案件管理的工作不仅只有上述几项，还有太多琐碎的工作无法一一列举。在案管人看来，工作没有大小，每一个流程细节、每一个审批权限、每一个适用范围都不能出差错，“小事不小”，需要细心、热心、耐心、专心，把小事做得更精准更细致，用实际行动做好“小窗口”里的“大管家”，为“高质效办好每一个案件”保驾护航。

《检察业务管理指导与参考》征稿启事

《检察业务管理指导与参考》是由最高人民检察院案件管理办公室和中国检察出版社联合创办的指导性连续出版物，以“加强工作指导、促进理论研究、解决实际问题”为宗旨，坚持理论联系实际的原则，贯彻实用性、指导性和权威性的编写特色，为全国业务管理理论研究者和实务工作者提供交流平台，欢迎广大检察人员、高等院校和研究机构的专家学者以及各界人士投稿。

一、征稿内容和主要栏目

稿件内容为业务管理理论与实务问题研究，主要包括业务管理基础理论、检察改革背景下业务管理的职能定位，案件综合管理、流程管理、质量管理、统计信息管理、业务信息化管理等职能履行方面的理论与实务研究，检察业务应用系统的应用和完善情况、案件信息公开工作的经验及建议等。主要包括以下栏目，具体情况可以结合实际适时调整。

（一）政策指导类栏目

高层声音：中央、最高人民检察院领导关于业务管理工作的重要讲话，最高人民检察院召开的有关业务管理工作会议精神。

领导论坛：最高人民检察院案件管理办公室领导、各省级院领导有关业务管理工作的讲话、调研报告、理论文章等。

理论前沿：司法体制改革背景下，政法部门业务管理总体职能定位、主要任务、发展趋势等方面的研究成果。

政策解读：专家学者或各级院案件管理部门负责人对涉及业务管理工作的法律法规、规章制度进行的深度解读。

（二）业务研讨类栏目

业务研究：对案件综合管理、流程管理、质量管理、统计信息管理、业务信息化管理、人民监督员履职管理等各项职能进行深层次研究。

经验交流：各级检察机关案件管理部门结合实际，创新开展工作的经验做法。

典型案例：在案件受理审查、流程监控、质量评查、业务考评、业务分析研判、人民监督员履职等具体工作中形成的具有典型意义的案例或事例（附工作文书）。

（三）专题类栏目

规章制度：最高人民检察院和省级院制定下发的有关业务管理工作的规定、决定、意见、通知等规范性文件。

专项解答：针对各地业务管理工作中出现的常见问题、突出问题的专项汇总解答。

分析研判：各地围绕检察工作重点，发挥业务管理职能作用，深入开展的业务分析研判。

（四）其他栏目

案管风采：部分先进案件管理部门或者优秀案件管理人员的典型事迹材料。

检察文苑：与检察业务管理工作相关、可读性较强的纪实报告、小说、散文、诗歌、随笔等文学作品。

二、 投稿要求

1. 原创性。本书主要刊发原创的理论和实务文章。稿件如已在其他刊物发表过，投稿时请务必注明刊发的时间和刊物名称。

2. 时效性。要围绕正在开展的业务管理重点工作和亟须解决的问题组织稿件，对业务管理工作具有一定的指导和借鉴意义。

3. 内容适宜公开发表。本书向社会公开发行，请针对文章中的数据、事例等材料认真进行保密审查，防止出现不宜公开或泄密的事件。

4. 数据引用要准确。文章引用的数据要列明来源和出处，确保真实准确。

5. 署名和引注要规范。鼓励作者独立署名，也可刊发合作署名文章，但对 4 人（含 4 人）以上的署名文章一般不刊发或者作集体署名处理；文章的引注请严格依照“注释体例”的要求。

6. 作者信息要完整。应在稿件电子版内（文章结尾处，无须另附文档）直接注明作者详细联系方式，包括通信地址、邮政编码、联系电话、电子信箱等，并附作者简介。

7. 稿件形式要合规。理论研讨文章一般应当在 3000 字以上，稿件电子版（word 或 wps 格式）应以“附件”方式发送至投稿电子信箱。

三、 注释体例

注释采用脚注方式，每页不连续编号，以阿拉伯数字加圆圈标志。

（一） 著作类引文注释

作者：书名，卷次，译者，出版社，出版年份，页码。

例如：

①张文显主编：《法理学》，法律出版社 2004 年版，第 38 页。

②史尚宽：《民法总论》，中国政法大学出版社 2000 年版，第 23 页。

③［德］黑格尔：《法哲学原理》，范扬、张企泰译，商务印书馆 1961 年版，第 91 页。

④H. L. A. Hart, *The Concept of Law*, Oxford University Press, 1961, p. 6 – 7.

（二）文章引文注释

作者：文章名，本书作者，所载书刊名，卷次，出版社，出版年份，页码。

例如：

①俞荣根、刘霜：《立法助理制度述论》，载《法学杂志》2007 年第 2 期。

②周光权：《违法性意识与犯罪故意的关系》，载陈忠林主编：《全国中青年刑法学者专题研讨会文集·违法性认识》，北京大学出版社 2006 年版，第 28 页。

③李希慧等：《“轻轻重重”应成为一项长期的刑事政策》，载《检察日报》2005 年 5 月 26 日第 3 版。

④Julius Stone, “Roscoe Pound and Sociological Jurisprudence”, in 78 *Harvard Law Review* (1965), p. 1578.

（三）数字和书名号的用法

1. 除引用原文外，文章中出现的数字（不含序数）均使用阿拉伯数字。

例如：

《中华人民共和国刑事诉讼法》第159条明确规定："对犯罪嫌疑人可能判处十年有期徒刑以上刑罚，依照本法第一百五十八条规定延长期限届满，仍不能侦查终结的，经省、自治区、直辖市人民检察院批准或者决定，可以再延长二个月。"这说明可能判处10年以上有期徒刑的犯罪嫌疑人被羁押的时间最长可达7个月。

2. 法律法规除全称需要书名号外，简称均不加书名号（加括号规定简称的除外）。

例如：

我国刑法中对被害人承诺没有明文规定，应当在立法中予以明确。

《最高人民法院案件审限管理规定》（以下简称《审限管理规定》）中明确规定："审判人员故意拖延办案，或者因过失延误办案，造成严重后果的，依照《人民法院审判纪律处分办法（试行）》第五十九条的规定予以处分。"

四、 投稿联系方式

1. 投稿邮箱。邮件请注明"《检察业务管理指导与参考》投稿"及主题，检察内网发至 agb_ zdyck@ gj. pro，外网发至 agbzdyck @ 163. com。

2. 本刊编辑部地址。北京市东城区北河沿大街147号最高人民检察院案件管理办公室，邮编：100726。

3. 编辑部电话：010 - 65200308。

2025 年《检察业务管理指导与参考》征订单

《检察业务管理指导与参考》是由最高人民检察院案件管理办公室和中国检察出版社联合创办的指导性连续出版物，以“加强工作指导、促进理论研究、解决实际问题”为宗旨，坚持理论联系实际的原则，贯彻实用性、指导性和权威性的出版特色，为全国业务管理理论研究者和实务工作者提供交流平台。

2025 年《检察业务管理指导与参考》全年 6 辑，每辑定价 40 元，全年定价 240 元，面向全国公开发行。现 2025 年征订工作已经开始，欢迎各级人民检察院和相关部门订阅。各订阅单位可通过中国检察出版社官网（www.zgjccbs.com）进行网上订购，也可采用纸质订购方式，汇款后请填写订购回执单（见下页，复印有效）并传真至出版社。

中国检察出版社

2024 年 11 月

2025 年《检察业务管理指导与参考》订购回执单

订购单位名称		经书人		
地　址		电话（手机）		
单位统一信用代码				
电子发票接收邮箱				
书　名		定价	订数	金额
2025 年《检察业务管理指导与参考》		240.00		
合计金额	万　仟　佰　拾　元　整			
备注：款到三个工作日左右，发票发送至您的邮箱！				

订购方式说明

第一种：网站订购（www.zgjccbs.com）（不用发传真、款到开票）
1. 网站下单，直接在线支付（微信、支付宝）
2. 网站下单，银行汇款需备注订单编号后 6 位数字

网站订购负责人张惠 010-86423745、18101137669 技术咨询 010-86423763

第二种：微信订购（仅支持微信在线支付）
1. 使用微信扫描右侧二维码可直接在线订购
2. 了解最新书讯请关注“中国检察出版社”微信公众号

第三种：传真订购

书款汇至出版社账号后，务必将回执单填写完整并传真至 010-68659465

中国检察出版社账户信息

户　名：中国检察出版社有限公司　　**账　号：**11050164860000000056

开户行：建设银行北京西山枫林支行　　**行　号：**105100050751

中国检察出版社各省订购负责人：

盛　丹 010-86423727 18101137660（微信同号）传真 010-68659465
（北京、天津、山西、陕西、河北、黑龙江、吉林、辽宁、内蒙古、青海、山东）

董艳芬 010-86423726 18101137661（微信同号）传真 010-68659465
（河南、浙江、江苏、安徽、上海、福建、甘肃、江西、新疆、西藏）

薛建娜 010-86423728 18101137662（微信同号）传真 010-68659465
（广东、广西、海南、重庆、四川、云南、贵州、湖北、湖南、宁夏）